本书为北京市教育科学"十四五"规划
2021年度 一般课题（CDDB21244）研究成果

幼儿园
劳动教育的
实践探索

米 娜 ◎ 主编

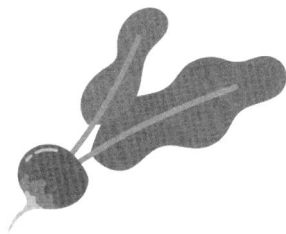

中国农业出版社
农村读物出版社
北 京

图书在版编目（CIP）数据

幼儿园劳动教育的实践探索 / 米娜主编. -- 北京：
中国农业出版社，2025.7. -- ISBN 978-7-109-33476-2

Ⅰ. G613.3

中国国家版本馆 CIP 数据核字第 2025K226E8 号

幼儿园劳动教育的实践探索
YOUERYUAN LAODONG JIAOYU DE SHIJIAN TANSUO

中国农业出版社出版

地址：北京市朝阳区麦子店街 18 号楼

邮编：100125

责任编辑：马英连

版式设计：杨　婧　　责任校对：张雯婷

印刷：中农印务有限公司

版次：2025 年 7 月第 1 版

印次：2025 年 7 月北京第 1 次印刷

发行：新华书店北京发行所

开本：700mm×1000mm　1/16

印张：9.25

字数：185 千字

定价：58.00 元

编写人员名单

主　　　编：米　娜

副　主　编：李名利　魏默然　郭自强　马博文　焦永爽

参　　　编：（按姓名汉语拼音排序）

丁冠男　郭　蒙　郭月瀛　黄　冰　黄　婷

李　蕊　刘　宁　戚　冉　王丹娜　王斯瑀

吴春梦　肖珊珊　闫　凤　张　宁　张　悦

张佳蕙　赵　莹　周　阳

参与研究人员：（按姓名汉语拼音排序）

白雪蕊　蔡梦雨　曹祁凤　陈　扬　崔　颖

崔思怡　崔文懿　刁　静　董　琪　董然琪

高　京　郭依霏　韩　煦　何时雨　胡雨孟

刘　畅　刘　蕾　刘思瑶　马　爽　钱雨欣

任　弘　申　珊　苏妍伊　田莉岩　王红梅

魏　辰　吴慧悦　肖珊珊　薛晨怡　于永欣

张乐瑶　赵　雨　郑含笑

在童心里点亮劳动的星光
（代序）

清晨的幼儿园里，三岁的朵朵洗完手后，将小手擦干，正踮着脚尖，试图将毛巾挂回自己的毛巾格中。她的两只小手配合着撑开毛巾上的挂带，对向毛巾格里的挂钩。第一次，没挂上；第二次，还是没挂上；第三次，终于成功地将毛巾挂在毛巾架的挂钩上。这是幼儿园日常生活中最真实自然的场景，也是幼儿劳动教育最本真的模样，注重体验、在乎成长。

本书的诞生，源于对三个现实问题的深刻回应：

其一，当"劳动教育"成为中小学德育的重要内容之一后，幼儿园究竟该做什么？在政策文件密集出台、《大中小学劳动教育指导纲要（试行）》落地的当下，学前教育面临尴尬局面：或陷入"擦桌子扫地就是劳动教育"的粗浅认知，或陷入"幼儿能承担什么劳动"的价值性质疑。我们亟须一场回归儿童立场的思辨——劳动对幼儿而言，究竟意味着生存技能的训练，还是生命意义的启蒙？

其二，当"发展"被窄化为认知提升，劳动如何重构成长逻辑？在家长口头认可素质教育，实则拼命奔赴所谓兴趣班的焦虑中，劳动常被异化为展示，如种豆芽只为观察日记，叠衣服只为拍摄打卡。这种功利化的表演，恰恰消解了劳动最珍贵的价值。在持续性的体验实践中，儿童通过"做事"建构起对自我能力的确认、对他人劳动的共情、对生活世界的理解。

其三，当"人工智能"重塑未来生活场景，劳动教育需要守护什么？在机器人可以代劳家务、算法能够优化流程的时代，劳动教育的核心早已超越技能传授，勤劳品质的传承也早已超越了体力上的辛勤。而应守护的是人类独有的"劳动精神"，在重复中创造新意的能力，在协作中建立联结的温度，在付出中体验价值的喜悦。

本书尝试从理论澄清到实践重构，呈现出幼儿园基于儿童立场，对幼儿在劳动中成长的思考与实践。

本质与意义：劳动从来不仅仅是谋生的手段。在东方，农家学派"贤者与民并耕而食"的平等观，将劳动升华为一种道德自觉。在西方，亚里士多德将劳动视为"实现灵魂潜能的实践"，马克思则揭示劳动是"人的本质力量对象化"的创造性活动。这些跨越时空的思想共振，共同指向一个真理：劳动的本质是人与世界对话的语言，是生命自我实现的体验。当幼儿用稚嫩的小手擦拭桌椅、播种幼苗时，他们不仅在完成动作，更在建构对世界的认知框架。劳动，正是儿童叩响生命意义的第一次哲学启蒙。

劳动教育的重要意义存在于以下三个维度：

身体维度：健体启智，精细动作、感觉统合的发展载体；

心理维度：勤劳、自主性、抗挫力的孵化器；

社会维度：责任意识、集体意识、协作精神的萌发。

场景与行动：提出"微劳动生态系统"模型，将幼儿园一日生活解构为四大实践场景：自我照护场景、环境共建场景、社会服务场景、创造性活动场景。每个场景配备"三阶指导策略"。

第一阶段：自主探索中的"试错即成长"；

第二阶段：同伴互助中的"分享中赋能"；

第三阶段：回顾倾听中的"体验见智慧"。

直面三大现实困境的破解之道：

家园共育——家园生活场景的真实体验；

安全桎梏——放手更要重视安全，树立"可承受风险意识"，让幼儿在适度挑战中成长；

评价方式——开发"劳动叙事观察法"，发现过程中的成长。

回归与超越：幼儿劳动教育，不需要刻意创设场景，而是藏在幼儿自己扣纽扣、擦拭浇花时溢出的水、为夏日的清凉动手搭建凉棚中。本书倡导的实践路径，始终围绕三个原点展开：

生活即课程：穿衣吃饭皆是修行，在每日重复中培育"自己的事情自己负责"的生命尊严；

生活有劳动：为生活需要或创造更舒适的生活而产生的游戏、

活动等游戏化情境，让劳动成为发现快乐之旅；

关系即教育：打破家园过度保护、担心、不肯放手的惯性，构建"共同劳动、共享成长"的家园共同体。

为什么这本书值得被打开？它不说教，只说故事。书中收录真实案例，展现幼儿在劳动中的惊人力量。不空谈，给工具，对于幼儿园和一线教师有极强的参考实践或拿来照用的实际价值。

非常开心有机会对这样一本有意义的书先睹为快，也非常愿意向幼教同行推荐这本有意蕴的书——发现生活的需要、珍视劳动的瞬间。让我们共同相信，今日幼儿手中握着的小扫帚，终将化作其建设美好世界的无形力量。

北京师范大学教授

2025 年 3 月

目录

在童心里点亮劳动的星光（代序）

第一章　劳动教育概述

　　本章从劳动教育的基本理论出发，梳理了劳动和劳动教育的概念，从而让读者更好地理解劳动教育的本质，为幼儿园后续开展劳动教育提供理论基础和依据。本章着重对比了幼儿园和小学两个学段之间劳动教育的目标与内容，发现两个学段的劳动教育具有系统性、递进性、一致性；从对幼儿园劳动教育具有独特性的思考中更加清晰了解幼儿园开展劳动教育的途径和方式；深刻理解开展幼儿园劳动教育研究的时代意义，明确劳动教育是落实立德树人根本任务的重要支撑；阐述了幼儿劳动与生活的密切关系，开展劳动教育应遵循育人规律，采用科学、适宜的方式和途径。

第一节 劳动与劳动教育的关系

一、劳动的概念

劳动在《中国大百科全书》中的解释为："人类主体所特有的、基本的一种社会性的实践活动"[①]。这种社会性实践活动包括经济活动、政治活动与文化活动。

近代以前，许多思想家都提出过对于劳动的看法。墨子在《非乐》篇中提出"赖其力者生，不赖其力者不生"[②]，人要通过自己的双手和力量来获取生存下去的生活所需的观点。农家思想中提倡"贤者与民并耕而食"[③]观点的这些人，他们主张劳动是平等的，人人都应参与劳动。马克思主义哲学中的历史唯物主义将劳动同实践联系起来，实践不再只是理性所批判的对象，劳动赋予实践感性的活动内容。其中，马克思所提到的劳动概念对现代劳动概念的影响是最为重要的，他提出，在人的活动中，劳动是最基本的实践活动。劳动不仅仅是人满足生存的必要手段，更是体现人的本质力量的生命活动。恩格斯指出了人与自然的辩证关系，认为劳动是人能动地"在自然物中实现自己的目的"[④]。由此可见，人类的生存、生活离不开劳动，也正是通过劳动创造生活、创造社会，推动人类社会进步和发展。

二、劳动教育的概念

纵观历史长河，中西方分别对劳动给出了概念解释和定义。《教育大辞典》指出，幼儿劳动教育是幼儿德育的内容之一，旨在使幼儿热爱劳动，尊重劳动人民，端正劳动态度，养成劳动习惯。[⑤] 苏霍姆林斯基认为，劳动教育是构成德、智、体、美四方面和谐发展的重要元素，它可以培养和调节人们的道德品

---

① 中国大百科全书总编辑委员会. 中国大百科全书 [M]. 北京：中国大百科全书出版社，2009：324.

② 墨子 [M]. 方勇，译注. 北京：中华书局，2015：279.

③ 孟子 [M]. 赵清文，译注. 北京：华夏出版社，2017.

④ 中共中央马克思恩格斯列宁斯大林著作编译局. 马克思恩格斯文集（第9卷）[M]. 北京：人民出版社，2009：313.

⑤ 顾明远. 教育大辞典 [M]. 上海：上海教育出版社，1998：1932.

质和智力。① 陈鹤琴先生认为幼儿劳动教育是一种以培养幼儿劳动观念、劳动习惯、劳动知识技能为教育目的的活动，促进学生形成劳动价值观（即确立正确的劳动观点、积极的劳动态度，热爱劳动和劳动人民等）和养成劳动素养（有一定的劳动知识与技能，形成良好的劳动习惯等）。② 檀传宝先生认为劳动教育是以提升学生劳动素养的方式促进学生全面发展的教育活动。③ 以上界定均说明劳动育人，劳动教育的目的在于促进幼儿全面发展。

三、劳动与劳动教育

如果说劳动是人的本能，那为什么当前部分青少年更青睐于乐享其成，而不愿付出劳动、努力、奋斗呢？有些青少年饭来张口、衣来伸手，连自己的生活都难以自理，自己的事情还要依赖于父母不断地提醒甚至帮忙。有些大学生周末还会将大包小包的脏衣服拎回家让父母洗，甚至有些青年人参加工作后还需要父母为其整理房间、打扫卫生。这些现象不禁引起国家、社会及教育者对教书育人的思考。

我国很早就将劳动教育纳入了国家教育方针，加强中小学劳动教育并不是新说法、新事物。但相关文献指出，大学生在就业中表现出对工作环境不能适应，独立处理事情的能力较差，缺乏责任心、奉献精神及吃苦耐劳精神等状态。出现这些现象的原因与人的观念、意志、能力、习惯等都有一定的关系，揭示了劳动虽是人的本能，但为什么要劳动，如何通过劳动创造社会、推动人类社会进步和发展并不能仅靠本能实现。

也正是对当前社会现象的高度关注，以及回答培养什么样的人和怎样培养人的问题，在 2015 年至 2020 年间，国家层面连续三次强调，加强劳动教育是学生全面发展的需要。2015 年，《关于加强中小学劳动教育的意见》指出，我国正处在全面建成小康社会的关键阶段，要切实加强劳动教育；在 2018 年全国教育大会上进一步提出要在学生中弘扬劳动精神，长大后能够辛勤劳动、诚实劳动、创造性劳动。④ 在 2020 年 3 月 20 日《中共中央　国务院关于全面加强新时代大中小学劳动教育的意见》中指出，劳动教育是中国特色社会主义教育制度的重要内容，直接决定社会主义建设者和接班人的劳动精神面貌、劳动

---

① 朱博 . 苏霍姆林斯基劳动教育思想研究 [D]. 华中师范大学，2018.

② 吴玲 . 陈鹤琴幼儿劳动教育思想探要 [J]. 安徽师大学报（哲学社会科学版），1998（1）.

③ 檀传宝 . 劳动教育的概念理解——如何认识劳动教育概念的基本内涵与基本特征 [J]. 中国教育学刊，2019（2）：82-84.

④ 中华人民共和国教育部 . 教育部　共青团中央　全国少工委关于加强中小学劳动教育的意见 [EB/OL]. http：// www. moe. gov. cn/srcsite/A06/s3325/201507/t20150731 _ 197068. html. （2015-07-24）[2024-09-25].

价值取向和劳动技能水平。[①]

依照人才的成长规律，教育应是渗进血液、触及灵魂的，劳动教育一定要从小就抓，从幼儿园就抓。从 2001 年 7 月颁布的《幼儿园教育指导纲要（试行）》（以下简称《纲要》）开始，到 2022 年教育部印发的《幼儿园保育教育质量评估指南》（以下简称《评估指南》），有关幼儿园教育的政策性文件中都有对劳动教育的具体描述。

《纲要》中强调"幼儿园既要高度重视和满足幼儿受保护、受照顾的需要，又要尊重和满足他们不断增长的独立要求，避免过度保护和包办代替；鼓励并指导幼儿自理、自立地尝试；应与家庭、社区合作，引导幼儿了解自己的亲人以及与自己生活有关的各行各业人们的劳动，培养其对劳动者的热爱和对劳动成果的尊重"。《3～6 岁儿童学习与发展指南》（以下简称《指南》）中分别在健康领域、社会领域及艺术领域中对幼儿自理能力、自尊自主表现、体会他人劳动辛苦、珍惜他人劳动成果等方面进行了具体发展目标的阐述。《幼儿园入学准备教育指导要点》中明确提出幼儿应该"能主动承担并完成分餐、清洁、整理等班级劳动；能做一些力所能及的家务劳动。"《评估指南》的评估指标中提出"指导幼儿进行餐前准备、餐后清洁、图画书与玩具整理等自我服务，引导幼儿养成劳动习惯，增强环保意识、集体责任感。"可见劳动教育一直是幼儿园教育的一项重要内容。

劳动是载体，幼儿园开展劳动教育应处理好劳动与教育的关系，避免"有劳动无教育"现象的发生。在真实的劳动世界中，让劳动具有教育性，让一般意义上的劳动实践与德、智、体、美诸素养的培育建立自觉、自然、有机的关联。

第二节　幼儿园与小学劳动教育对比

一、幼儿园与小学劳动教育之间的关联

国家层面对学校开展劳动教育的指导已经涉及多个学段。通过梳理《指南》

---

① 中华人民共和国教育部．中共中央　国务院关于全面加强新时代大中小学劳动教育的意见［EB/OL］．http：//www. moe. gov. cn/jyb _ xxgk/moe _ 1777/moe _ 1778/202003/t20200326 _ 435127. htmll.（2020-03-20）［2024-09-25］．

与《大中小学劳动教育指导纲要（试行）》，我们不难发现，幼儿园劳动教育目标及内容和小学低年级、中高年级之间具有系统性、递进性、一致性（表1）。

表1　幼儿园、小学两个学段劳动教育目标与内容对比

《3～6岁儿童学习与发展指南》			《大中小学劳动教育指导纲要（试行）》
教育建议： 　经常问候父母，主动做家务。 　利用生活机会和角色游戏，帮助幼儿了解与自己关系密切的社会服务机构及其工作，如商场、邮局、医院等，体会这些机构给大家提供的便利和服务，懂得尊重工作人员的劳动，珍惜劳动成果。			主要内容：主要包括日常生活劳动、生产劳动和服务性劳动中的知识、技能与价值观。日常生活劳动教育立足个人生活事务处理，结合开展新时代校园爱国卫生运动，注重生活能力和良好卫生习惯培养，树立自立自强意识。生产劳动教育要让学生在工农业生产过程中直接经历物质财富的创造过程，体验从简单劳动、原始劳动向复杂劳动、创造性劳动的发展过程，学会使用工具，掌握相关技术，感受劳动创造价值，增强产品质量意识，体会平凡劳动中的伟大。服务性劳动教育让学生利用知识、技能等为他人和社会提供服务，在服务性岗位上见习实习，树立服务意识，实践服务技能；在公益劳动、志愿服务中强化社会责任感。
具有基本的生活自理能力（健康）			
小班	中班	大班	
在帮助下能穿脱衣服或鞋袜	能自己穿脱衣服、鞋袜、扣纽扣	能知道根据冷热增减衣服	低年级： 　以个人生活起居为主要内容开展劳动教育，注重培养劳动意识和劳动安全意识，使学生懂得人人都要劳动，感知劳动乐趣，爱惜劳动成果。指导学生：（1）完成个人物品整理、清洗，进行简单的家庭清扫和垃圾分类等，树立自己的事情自己做的意识，提高生活自理能力；（2）参与适当的班级集体劳动，主动维护教室内外环境卫生等，培养集体荣誉感；（3）进行简单的手工制作，照顾身边的动植物，关爱生命，热爱自然。
能将玩具和图书放回原处	能整理自己的物品	会自己系鞋带	
		能按类别整理好自己的物品	
具有自尊、自信、自主的表现（社会）			
小班	中班	大班	
自己能做的事情愿意自己做	自己的事情尽量自己做，不愿意依赖别人	自己的事情自己做，不会的愿意学	
喜欢承担一些小任务	敢于尝试有一定难度的活动和任务	主动承担任务，遇到困难能够坚持而不轻易求助	

（续）

《3～6岁儿童学习与发展指南》			《大中小学劳动教育指导纲要（试行）》
关心尊重他人（社会）			中高年级： 以校园劳动和家庭劳动为主要内容开展劳动教育，体会劳动光荣，尊重普通劳动者，初步养成热爱劳动、热爱生活的态度。指导学生：（1）参与家居清洁、收纳整理，制作简单的家常餐等，每年学会1～2项生活技能，增强生活自理能力和勤俭节约的意识，培养家庭责任感；（2）参加校园卫生保洁、垃圾分类处理、绿化美化等，适当参加社区环保、公共卫生等力所能及的公益劳动，增强公共服务意识；（3）初步体验种植、养殖、手工制作等简单的生产劳动，初步学会与他人合作劳动，懂得生活用品、食品来之不易，珍惜劳动成果。
小班	中班	大班	
	知道父母的职业，能体会到父母为养育自己所付出的辛劳	尊重为大家提供服务的人，珍惜他们的劳动成果	
具有初步的归属感（社会）			
小班	中班	大班	
		愿意为集体做事，为集体的成绩感到高兴	
亲近自然，喜欢探究（科学）			
小班	中班	大班	
经常问各种问题，或好奇地摆弄物品	常常动手动脑探索物体和材料，并乐在其中	能经常动手动脑寻找问题的答案	
艺术表现与创造力（艺术）			
小班	中班	大班	
	能运用绘画、手工制作等表现自己观察到或想象的事物	能用自己制作的美术作品布置环境、美化生活	

（一）劳动教育目标和内容反映出学段间的贯通培养

通过分析表1中的内容，可以看出两个学段分别从自我服务能力、为他人和集体服务、种植和饲养、手工制作四个方面阐述劳动教育的目标和内容。这四个方面的目标和内容是随着学段的升高在意识和能力培养上逐步提高的，体现出目标和内容的系统性、连续性、递进性。

（二）劳动教育的基本理念高度一致，劳动育人价值清晰

《指南》明确提出劳动教育的相关目标和内容，并融入五大领域中，体现了儿童学习与发展的整体性原则。《大中小学劳动教育指导纲要（试行）》中提到将劳动观念和劳动精神教育贯穿人才培养全过程。可见两个学段在劳动育人的基本理念和价值追求方面是高度一致、循序渐进、纵向衔接的，这对幼儿园开展劳动教育有了良好的建议与参考，使得劳动教育的实施更具有方向性、系统性、科学性。

二、幼儿园劳动教育的独特性

通过对比幼儿园、小学两个学段劳动教育的目标和内容，不难发现幼儿园劳动教育具有其独特性。

（一）幼儿劳动的特点

幼儿劳动具有游戏性和生活性的特点。其一，幼儿的劳动兴趣和愿望常常是伴随着生活和游戏需要而发生的。幼儿的劳动需求直接来源于日常生活经验，劳动内容与幼儿的日常生活紧密相关。幼儿劳动的意义在于帮助幼儿建立生活自主性，形成对日常事务的理解与参与。其二，幼儿劳动通常不创造经济价值，具有娱乐性。幼儿的劳动行为通常出于兴趣和自发模仿，而非强制或功利目的，他们在过程中获得快乐而非压力。游戏性使幼儿劳动区别于成人劳动的功利性，它强调内在动机和情感体验，而非外在目标。其三，幼儿感兴趣的不仅是劳动成果，在劳动中有什么样的感受、收获了哪些，更是劳动教育应该关注的。幼儿劳动的本质是生活实践，而非社会生产。幼儿的劳动并非严肃的任务，而是游戏化的活动。

（二）幼儿的年龄特点与学习方式

（1）幼儿爱模仿，看到成人劳动就愿意学着做，这种愿望比其他学段更为强烈。幼儿在游戏中再现成年人的劳动场景，实际上就是一种对社会性活动的模拟。对于幼儿来说，游戏就是一种"工作"，在"工作"中初步感受劳动带来的幸福感与满足感，初步树立正确的劳动价值观念，在愉快的"工作"中体验劳动的乐趣与意义。

（2）幼儿的学习是以直接经验为基础，在游戏和日常生活中进行的。幼儿对与自己生活密切相关的事情更有兴趣。在生活中，他们特别愿意动手做事情，在每一天的生活中体验着自己做事的快乐，做事后也感受到了自己的能干。幼儿园劳动教育要从生活中来，还要回到生活中去。幼儿正是在每一天做事的过程中稳固了自我服务的习惯和品质，收获了自信与自尊，养成了热爱生活、热爱劳动的态度以及良好的生活卫生习惯。这些都对幼儿今后的长远学习和发展有着至关重要的作用。

劳动教育重在育人，幼儿在劳动中获得的劳动精神、劳动情感、劳动品质，以及个人与同伴、与周围环境的相互作用，产生的责任感、成就感，会带给他们积极的体验，令其身心协调发展。幼儿在劳动中感受塑造自己、建设世界的过程。当然这个世界是属于他自己的小世界。从小建设小世界，长大建设大世界，这是着眼于幼儿未来发展、终身发展的教育。

第三节 幼儿园劳动教育的重要性与时代意义

一、加强劳动教育对国家未来发展具有深远意义

党和国家对劳动教育高度重视，在 2015 年提出了要"以劳动托起中国梦"。在《教育部 共青团中央 全国少工委关于加强中小学劳动教育的意见》中指出劳动教育的功能及与其他诸育的关系，即"以劳树德，以劳增智，以劳强体，以劳育美，以劳创新"。2018 年在全国教育工作会议上强调"要在学生中弘扬劳动精神，教育引导学生崇尚劳动、尊重劳动、懂得劳动最光荣、劳动最崇高、劳动最伟大、劳动最美丽的道理，长大后能辛勤劳动、诚实劳动、创造劳动。"明确培养学生劳动兴趣、磨炼学生意志品质、激发学生的创造力、促进学生身心健康和全面发展，对于推进教育现代化、实现"两个一百年"奋斗目标和中华民族伟大复兴的中国梦具有深远意义。

二、劳动教育对人的发展有着重要意义

劳动是人类及人类社会生存和发展的先决条件，能够丰富人的精神世界，创造人类美好生活。马克思就曾经说过："任何一个民族，如果停止劳动。不用说一年，就是几个星期，也要灭亡。"[1] 劳动创造价值的同时也体现人的价值。一个人要想在高速发展的社会中发展得更好，必须具备较高的劳动素质、生活自理能力、动手实践能力以及创新探索能力，才能适应现代社会发展的需求。马卡连柯认为，"劳动永远是人类生活的基础，是创造人类文化幸福的基础。"[2] 可见，劳动是人类生活的基础，是人们适应社会生活必不可少的一项重要技能，对个体特别是幼儿的成长发挥着不可忽视的重要作用。具体来说，劳动既有助于幼儿身体的发展，使幼儿在劳动过程中充分锻炼大小肌肉和增强体力，又有益于幼儿获得智力、品德、个性以及审美观的发展。劳动教育可以使人树立正确的劳动观点和劳动态度，热爱劳动，养成劳动习惯，促进人德智

---

① 马克思恩格斯文集（第 10 卷）［M］. 北京：人民出版社，2009.

② ［苏］马卡连柯. 儿童教育讲座［M］. 诸惠芳，译. 石家庄：河北人民出版社，1997.

体美劳全面发展。

三、幼儿园研究劳动教育具有现实意义

随着对劳动教育的重视，劳动教育观念的不断更新，幼儿园开展劳动教育的内容和形式也随之发生了一定的变化。但幼儿园在开展劳动教育的过程中仍存在一些需要解决的问题，如有学者在研究中指出，幼儿劳动教育存在着内容与实际生活脱离的形式化、方法忽视幼儿年龄特点的强制化、评价只关注外在的劳动成果而忽视内在精神获得的功利化现象。[①] 幼儿园一日生活中蕴含着大量的劳动教育契机，如何发现契机，渗透开展劳动教育，促进幼儿的全面和谐发展，将劳动育人目标落实在每一天中，将"生活即教育"的理念实践化是教育者需要不断思考的问题。幼儿园还需在实践中探索、创新、梳理、总结，落实"幼儿是生活的主人"的理念，落实立德树人根本任务，给更多的幼儿教育工作者提供参考和借鉴。

---

① 霍力岩. 幼儿劳动教育：内涵、原则与路径［J］. 福建教育，2018（47）.

第二章 幼儿园劳动教育的目标、内容与实施途径

　　提到教育，必然脱离不开教育的目标、内容、途径等关键组成部分。教育目标、内容、途径之间是紧密联系的。第一章在对政策文件的梳理中阐述了有关劳动教育目标与内容的相关内容，但对于幼儿园如何开展劳动教育还缺乏系统、完整的指导建议。研究幼儿园劳动教育首先应从劳动教育的目标、内容与实施途径开始，因为这是幼儿园开展劳动教育的起点。

第一节　幼儿园劳动教育目标

　　根据《纲要》《指南》《评估指南》等相关文件的指导意见，幼儿园在开展劳动教育实践活动时应当充分考虑活动开展的适宜性；按大、中、小三个年龄班及幼儿的实际水平确定目标，根据实际情况选择适宜的形式开展活动。在制定教育目标的过程中，需要不断学习、借鉴与思考梳理，完整、系统地设计目标、内容与实施途径，对这一过程的思考也能够帮助教育者进一步认识劳动教育实践的意义与价值。

　　在制订幼儿园劳动教育目标时，既要考虑大中小幼学段间的贯通培养，又要考虑幼儿园各年龄班的差异与衔接。我们从查阅相关文献入手，梳理已有的劳动教育目标并进行整合，形成幼儿园劳动教育目标，从而让第一章中提到的劳动教育目标具有的系统性、连续性、递进性得到体现。

　　《大中小学劳动教育指导纲要（试行）》明确从"树立正确的劳动观念""具有必备的劳动能力""培育积极的劳动精神""养成良好的劳动习惯和品质"四个方面阐述劳动教育目标与内容。2022 年教育部推出的《义务教育劳动课程标准》中同样从劳动观念、劳动能力、劳动习惯与品质、劳动精神四个方面界定劳动教育目标。我们通过对以上两份指导性文件的学习，梳理形成表 2 的四个目标维度，使劳动教育目标更为直观。

　　在幼儿园劳动教育层面，劳动精神是指个体在劳动过程中所体现出的积极态度、价值追求和精神风貌。劳动精神强调对劳动的内在认同和情感投入，体现为对劳动价值的尊重和对劳动成果的珍惜。劳动精神是推动个体和社会发展的内在动力，是劳动教育的核心目标之一。

　　劳动观念是指个体对劳动的基本看法和态度，包括对劳动的意义、价值、方式等方面的认知和理解。劳动观念是劳动教育的基础，直接影响个体对劳动的参与度和投入程度。正确的劳动观念的形成需要长期的引导和教育，尤其是在幼儿阶段，需要通过具体的劳动体验帮助幼儿形成。

　　劳动习惯与品质是指个体在长期劳动实践中形成的稳定的行为方式和内在素养，包括劳动的自律性、责任感、坚持性等。劳动习惯是劳动行为的外在表现，劳动品质是劳动行为的内在支撑。二者需要长期的实践和强化，尤其是在幼儿阶段，通过日常劳动活动逐步形成良好的行为模式。

　　劳动能力是指个体在劳动过程中所具备的知识、技能和综合素质。劳动能力是劳动教育的实践目标，直接关系到个体能否高效、高质量地完成劳动任务。劳动能力的培养需要结合具体的劳动实践，通过不断地体验与尝试逐步提升。

　　《指南》的健康领域中有与自理能力等相关的发展目标，社会领域中有与劳动观念、劳动精神等相关的发展目标，科学领域中有与关心照顾动植物等相关的发展目标。借鉴《大中小学劳动教育指导纲要（试行）》和《义务教育劳动课程标准》中提出的小学低年级劳动教育具体目标要求，与《指南》中查询到的目标进行分类梳理，发现这些目标的实施基本与幼儿一日生活密不可分。因此，将从《指南》中提取的目标拓展到幼儿在园一日生活中，并分别进行细化形成表 2。

表 2　劳动教育目标梳理表

年龄班	劳动精神	劳动观念	劳动习惯与品质	劳动能力
小班	1. 喜欢承担一些小任务。 2. 通过游戏化劳动，初步感知劳动的乐趣，愿意参与简单的劳动活动。 3. 通过观察教师和同伴的劳动，初步理解劳动的辛苦，学会珍惜劳动成果。	1. 自己能做到的事情愿意自己做。 2. 愿意和家人一起整理房间、玩具、图书。 3. 喜欢玩木质操作类玩具，感受使用劳动工具的快乐。	1. 愿意参与自制万花筒等操作活动。 2. 愿意给植物角的植物浇水、小鱼换水。 3. 跟随老师将户外玩具放回原位。 4. 在教师引导下共同完成一件劳动任务。 5. 参与游戏区物品的收拾整理。 6. 愿意帮助同伴摆放物品。 7. 愿意参与陶泥、印染等传统工艺体验活动。 8. 在美工活动中做好各项准备工作（如穿罩衣、铺桌布）。 9. 在活动中遇到问题，能够主动寻求帮助。	1. 能在帮助下穿脱衣服或鞋袜。 2. 能将玩具和图书放回原处。 3. 学习洗完小手后把手擦干、自己抹油。 4. 能穿好衣物后主动找老师检查。 5. 学习饭后自己擦嘴、漱口，吃带皮食物愿意自己剥皮。 6. 学习自己吃饭、喝水、如厕。 7. 吃饭后将自己的餐具放到指定位置。 8. 学习叠自己的衣服、外套。

（续）

年龄班	劳动精神	劳动观念	劳动习惯与品质	劳动能力
中班	1. 敢于尝试有一定难度的活动和任务。 2. 体会到父母为养育自己所付出的辛劳。 3. 愿意承担集体劳动任务，初步理解劳动对集体的意义。 4. 通过观察和分享身边生活中的劳动者，理解劳动与生活的关系，萌发对劳动者的感恩之情。	1. 自己的事情尽量自己做，不愿意依赖别人。 2. 愿意帮助家人做力所能及的事情。 3. 能运用手工制作等表现自己观察的事物。	1. 愿意定期整理园内公共区域的玩具、物品。 2. 愿意关心照顾自然角的动植物。 3. 参与幼儿园公共环境中游戏材料的收拾整理。 4. 有初步意愿与他人合作完成园内公共环境物品的清洁整理。 5. 学做值日生，收整班级水杯、毛巾等物品。 6. 饭后整理、搬运桌椅。 7. 愿意参与风筝制作、扇子等手工艺品制作。 8. 能够和同伴、教师一起讨论美工常规。 9. 在活动中能够发现问题并尝试解决。	1. 能自己穿脱衣服、鞋袜、扣纽扣。 2. 能整理自己的物品。 3. 能独立进餐、如厕、盥洗、清洁自己的仪表。 4. 使用梳子将头发梳顺。 5. 能独立按七步洗手法把小手洗干净。 6. 午起后能自己穿衣服、鞋袜。 7. 能按要求将自己用过的玩具、文具整理好。 8. 学习擦拭自己坐过的小椅子。
大班	1. 主动承担任务，遇到困难能够坚持，不轻易求助。 2. 尊重为大家提供服务的人，珍惜他们的劳动成果。 3. 愿意为集体做事，参与公益劳动，体会奉献与互助的快乐。 4. 在劳动相关的生活、游戏中理解劳动的社会分工，尊重不同职业的劳动者。	1. 自己的事情自己做，不会的愿意学。 2. 定期和家人一起进行简单的家庭清扫整理。 3. 能用自己制作的美术作品布置环境、美化生活。	1. 愿意承担园内绿植的浇水养护任务。 2. 有计划和目的地照顾动植物。 3. 主动参与幼儿园公共环境中游戏材料的收拾整理。 4. 主动与他人分工、合作完成园内公共环境物品的清洁整理。 5. 主动承担班级劳动，学会收整区域及班级卫生，愿意参与每周劳动日。 6. 能主动与同伴一起将床抬起叠放收整。 7. 能参与陶艺、木工等艺术创造活动。 8. 活动前能够根据计划有目的地选择材料。 9. 在活动后主动按照种类分类整理材料。	1. 能知道根据冷热增减衣服，会自己系鞋带。 2. 能按类别整理好自己的物品。 3. 午起后学习整理自己的床铺。 4. 主动为自己梳整头发或扎简单马尾辫。 5. 对自己进餐、游戏的环境进行简单清洁整理。 6. 记得带自己每天需要的物品。 7. 能够主动整理好自己的物品，并按照特征分类。 8. 有一定的时间观念，养成早睡早起的习惯。

表2有助于教师在实践中明确劳动教育目标的四个维度及具体要求，掌握劳动教育的核心素养，能够最大限度地避免"有劳动无教育"现象的发生。

第一，帮助教师突破固化的思维模式。当教师在探索幼儿劳动教育内容遭遇瓶颈时，表2的梳理与拓展就会帮助教师更加明确劳动教育目标，鼓励教师从多方面进行观察与思考，发现一日生活中更多的劳动教育契机，不被惯性思维所束缚。

第二，有助于教师将理念转化为行动。表2让一日生活中的劳动教育契机变得可视化、可操作，让教师能够更直观地看到同一劳动教育目标在不同年龄班的具体要求和实施，从而对应一日生活各环节进行观察与思考，有针对性地实施劳动教育。

第二节　幼儿园劳动教育的内容

不同学者对劳动教育内容的研究有不同的呈现方式，《大中小学劳动教育指导纲要（试行）》和《义务教育劳动课程标准》中将劳动教育内容划分为日常生活劳动、生产劳动和服务型劳动。陈鹤琴先生将幼儿劳动内容划分为以生活自理为目标的自我服务性劳动，为群体和公共事务效力的公益性劳动，以及种植、饲养活动等。照料自己生活的自我服务性劳动是幼儿劳动的主要内容。[①] 有学者参照并丰富了陈鹤琴的观点，根据新时代劳动教育的要求和主题，将"参加简单的劳动活动"和"认识成人劳动"两大方面，丰富形成"生活自理和服务劳动""对成人劳动、劳动者的认识活动""脑力劳动和学习劳动"三大幼儿劳动教育内容体系。[②] 当然也有观点认为，不同于成人的劳动直接指向劳动目的，受幼儿身心发展特点的影响，幼儿劳动具有游戏性和生活性的特点。因此，幼儿劳动的内容应与幼儿的生活关联，并且是简单有趣的活动，主要包括：自我服务劳动、为集体服务的劳动、种植饲养劳动以及手工劳动等四个方面。[③] 还有幼儿园的实践者将幼儿园劳动教育的内容按小中大班进

---

① 吴玲. 陈鹤琴幼儿劳动教育思想探要［J］. 安徽师大学报（哲学社会科学版），1998（1）.

② 姜晓，胥兴春. 我国幼儿劳动教育实施现状及路径探析［J］. 重庆第二师范学院学报，2020（33）.

③ 陈虹利. 新时期加强幼儿劳动教育的思考［J］. 吉林省教育学院学报，2016（32）.

行了罗列：小班幼儿进行自我服务劳动，逐渐做到不依赖成人而独立照料自己的生活，如独立盥洗、进餐等；中班幼儿在自我服务的基础上，尝试为班集体服务，如进餐前的整理，活动室、午睡室、包干区经常的清洁工作等；大班幼儿在熟练掌握独立生活技能的同时，为周围环境做力所能及的公益劳动，如为园内草坪、花坛拔草、浇水等。① 可见，对劳动教育内容的研究成果颇为丰富。本书综合考虑幼儿生活场景、一日生活需要及年龄特点，最终将劳动教育划分为自我服务劳动、为他人和集体服务的劳动、种植饲养劳动以及手工制作劳动四个维度。

在表2原有框架基础上，进一步深化与细化：一方面扩展了劳动精神、劳动观念、劳动习惯与品质、劳动能力四个维度的具体内涵，另一方面按照小、中、大班的年龄特点对内容进行了分层设计，使幼儿园劳动教育内容体系更加具体化和适龄化。最终，将优化后的各年龄班劳动教育目标与内容，系统性地归入自我服务劳动、为他人和集体服务的劳动、种植饲养劳动以及手工制作劳动四个实践维度，形成结构完整的幼儿园劳动教育内容，见表3。

表3 幼儿园各年龄班劳动教育内容

内容维度	小班	中班	大班
自我服务	1. 自己吃饭、喝水、如厕、盥洗、刷牙，自己的事情自己做。 2. 在帮助下能穿脱衣服或鞋袜、拉拉链。 3. 起床后在教师指导下有序做事。 4. 学习饭后自己擦嘴、漱口，吃带皮的食物愿意自己剥皮。 5. 愿意和家人一起整理房间，整理自己的玩具、图书。 6. 自己游戏、收拾玩具，能将玩具和图书放回原处。	1. 学用筷子，自己擦汗、随冷热增减衣服，自己的事情自己做。 2. 有自己的游戏计划，愿意动手动脑探索，能整理自己的物品。 3. 敢于尝试有一定难度的活动和任务。 4. 学习擦拭自己坐过的小椅子，能按要求将自己用过的玩具、文具整理好。	1. 整理自己的抽屉、书包。记得带自己每天需要的物品。 2. 能够主动按照物品的特征、功能等分类整理自己的物品。 3. 选择性取放所需材料，收纳整理玩具材料，能按类别整理好自己的物品。 4. 有一定的时间观念，养成早睡早起的习惯。

---

① 刘贞香，徐梅. 新时期幼儿劳动教育研究 [J]. 成才之路，2017（9）.

内容维度	小班	中班	大班
为他人和集体服务	1. 能根据自己的兴趣参加相关的劳动活动。 2. 参与游戏区物品的收拾整理。 3. 在教师引导下共同完成一件劳动任务如在娃娃家扮演角色照顾他人。 4. 愿意帮助同伴摆放物品，参与游戏区物品的收拾整理。 5. 跟随老师将户外玩具放回原位。	1. 通过小医院、照相馆等职业体验游戏，在劳动中感知世界，培养劳动意识和精神。 2. 体会到父母为养育自己所付出的辛劳。 3. 参与幼儿园公共环境中游戏材料的收拾整理。 4. 饭后整理、搬运桌椅，学做值日生，收拾整理班级水杯、毛巾等物品。 5. 有初步与他人合作完成园内公共环境物品的清洁整理的意愿。	1. 物品管理、班级管理、职业体验活动（小保洁、小保安）、午起后合作整理床铺。 2. 主动帮助同伴梳头发或扎简单的马尾辫。 3. 对进餐、游戏的环境进行简单的清洁整理。 4. 游戏准备、角色游戏、职业体验游戏（热爱劳动，尊重劳动者的态度）、公共游戏区管理（劳动创造美好生活）。 5. 尊重为大家提供服务的人，珍惜他们的劳动成果。 6. 主动参与幼儿园公共环境中游戏材料的收拾整理。
种植饲养劳动	1. 认识常见的植物，愿意给植物角的植物浇水。 2. 喜欢玩木质操作类玩具，感受使用劳动工具的快乐。 3. 学习使用水壶、小铲子等工具照顾自然角的动植物，按时浇水、喂食、给植物移位置。	1. 能感知动植物的变化，知道经常给小鱼、小乌龟换水并进行清洁整理。 2. 关心照顾自然角的动植物。 3. 认识劳动工具，学习使用剪刀等简单的工具参与制作活动。	1. 根据需要尝试自制劳动工具，能根据自己的需要选择安全、适合的劳动工具进行操作。 2. 知道季节变化对动植物的影响，寻找适宜的工具、材料为动植物搭棚、运水浇灌。 3. 了解动植物的外形特征、习性与生存环境。有计划和有目的地照顾动植物。
手工制作劳动	1. 经常涂涂画画、粘粘贴贴并乐在其中。 2. 愿意参与陶泥、印染等传统公益体验活动。 3. 在美工活动中做好各项准备工作，如穿罩衣、铺桌布、拿工具材料。 4. 愿意参与自制万花筒等操作活动。 5. 在活动中遇到问题，能够主动寻求帮助。	1. 能通过手工制作等表现自己观察的事物。 2. 愿意定期整理园内公共区域的玩具、物品。 3. 能够和同伴、教师一起讨论美工常规。 4. 在活动中能够发现问题并尝试解决。 5. 愿意参与风筝、扇子等手工艺品制作。	1. 能参与陶艺、木工等艺术创造活动。 2. 愿意承担园内绿植的浇水养护任务。 3. 在活动前能够根据计划有目的地选择材料。 4. 在活动后主动按照种类分类整理材料。 5. 能用自己制作的美术作品布置环境、美化生活。

表3详细关联了劳动教育的内容与目标,并进行了精炼的概括与梳理,这一举措极大地方便了教师全面且系统地记忆和掌握劳动教育的核心目标与内容。在既定的四个内容维度之下,教师们不仅可以依据已列出的教育目标进行实践活动,而且可以灵活运用这些维度,深入挖掘并融入日常教学中随时可能涌现的劳动教育素材与内容。

第三节 幼儿园劳动教育的实施途径

幼儿园劳动教育实施的着手点要落于生活中。在大量学者的探讨中,对幼儿园劳动教育主要形式的讨论和研究较多,其中一致的观点为:幼儿具体的劳动形式要根据《指南》的要求逐步地开展。① 也就是要结合不同年龄班幼儿的特点,循序渐进地开展劳动教育。例如让孩子在多途径、多形式的劳动体验中养成爱劳动的习惯和劳动技能,开展自主、丰富、有差异的劳动教育,并与其他领域的内容相结合,同时加强家园配合。② "要在生活情境中培养幼儿热爱劳动的品质,通过科学引导、言传身教和及时鼓励来培养幼儿的劳动意识、劳动能力和劳动习惯"。③ 还可以通过集体教学活动、一日生活渗透、自然及社区中的劳动,逐步深化幼儿从自我服务到为他人、为集体服务,劳动观念的生成及劳动习惯品质的养成。④ 也有学者认为,幼儿园的劳动教育是通过组织专门的教育活动、一日生活活动、特色活动、家园共育等途径,使幼儿提高劳动认识,改善劳动的态度,培养劳动行为习惯,形成良好的劳动品质,实现幼儿愿意劳动、会劳动、能劳动、敢劳动,提高幼儿的劳动素养和劳动品质。⑤ 要根据幼儿的年龄特征确定劳动教育的内容,将劳动教育融入幼儿生活,创设良好的劳动教育环境。一日生活皆教育,对幼儿来说,一日生活是和自己联系最为紧密的。可见,生活情景、创设良好的教育环境、在一日生活中渗透、通过多途径、多形式开展(专门的教育活动、一日生活活动、特色活动、家园共育

① 陈虹利 . 新时期加强幼儿劳动教育的思考 [J]. 吉林省教育学院学报,2016(32).
② 王浪 . 幼儿劳动教育实施策略 [J]. 教育观察,2019(38).
③ 张海燕 . 生活情境中培养幼儿热爱劳动的品质研究 [J]. 成才之路,2019(24).
④ 姜晓,胥兴春 . 我国幼儿劳动教育实施现状及路径探析 [J]. 重庆第二师范学院学报,2020(33).
⑤ 韩春华 . 幼儿园开展劳动教育的有效途径 [J]. 教学方法创新与实践,2019(07).

等途径）等已有研究成果给幼儿园开展劳动教育提供了指导。

综上所述，在现阶段的幼儿园劳动教育实践的途径中，较为常见的可按照幼儿一日生活的时间维度、不同生活场景所对应的空间维度进行进一步的分类。然而，许多研究在探讨实施途径时，往往过于关注分类的细致性和独立性，而忽略了这些途径与劳动教育核心目标和具体内容的关联。要真正解决"怎么做"的问题，必须确保实践途径与教育目标、内容形成有机统一的体系，而非仅仅停留在形式上的划分。

一、不同维度下的劳动教育实施途径

（一）时间维度下的劳动教育实施途径

从时间维度来看，幼儿园劳动教育可分为园内一日生活和园外延伸活动两大场景。

1. 园内一日生活劳动教育

基于幼儿在园的一日生活流程，劳动教育可整合为三个关键时段，每个时段对应不同的教育重点：

（1）生活自理时段（如晨间入园、餐点、午睡、离园等）：重点培养幼儿基本的生活自理能力，如穿衣、整理物品、清洁卫生等，帮助幼儿建立独立生活的习惯和责任感。

（2）游戏自立时段（如区域活动、户外自由游戏等）：通过自主选择、合作完成任务等方式，让幼儿在游戏中体验劳动的价值，如整理玩具、种植观察、简单手工制作等，培养其自主性和问题解决能力。

（3）集体自信时段（如集体教学活动、特色活动等）：在教师引导下，幼儿参与集体劳动任务（如值日生工作、班级环境布置等），增强集体归属感，并在完成任务的过程中获得成就感和自信心。

2. 园外延伸劳动教育

劳动教育不应局限于幼儿园，而应拓展至家庭生活和社会生活，形成家园社协同育人的模式。例如：

（1）家庭劳动（如帮助摆放餐具、整理自己的房间等）可巩固幼儿的自理能力，并促进亲子互动。在时间维度下，家庭劳动更强调与幼儿园教育的时序衔接性，例如，晨间家庭劳动（如叠被子、刷牙、洗脸）与入园准备相呼应；晚间家庭劳动（如收拾玩具、准备次日衣物）与离园习惯培养相衔接。这种时序性的家庭劳动安排，能帮助幼儿建立规律的生活作息，形成持续性的劳动习惯。

（2）社会体验（如社区志愿服务、参观农场等）则能让幼儿在真实的社会环境中理解劳动的社会意义，培养幼儿的社会责任感和尊重劳动的意识。

（二）空间维度下的劳动教育实施途径

除了时间维度外，劳动教育还可根据不同生活场景（如室内、户外、家庭、社区等）进行空间上的拓展，使幼儿在不同环境中获得多样化的劳动体验。例如：

（1）教室内的劳动（如收纳整理、手工制作等）培养幼儿的秩序感、责任感和劳动中所孕育的创造力。

（2）户外劳动（如公共环境美化、自然动植物观察等）让幼儿爱护身边的环境、亲近自然，体验劳动与生命成长之间的关系。

（3）家庭和社区劳动（如参与家务劳动、节日活动等）则帮助幼儿将劳动习惯延伸到日常生活，形成持续性的教育影响。在空间维度下，家庭劳动更注重劳动场景的多样性，包括：生活空间劳动（如卧室整理、厨房帮忙）培养幼儿的空间管理能力；庭院劳动（如浇花、捡落叶）让幼儿体验户外劳作；家庭社交空间劳动（如接待客人准备、节日布置）培养幼儿的社会性劳动能力。这种空间拓展的家庭劳动，能帮助幼儿适应不同环境下的劳动要求，发展全面的劳动素养。

幼儿园劳动教育的实施途径不应仅停留在形式上的分类，而应关注如何通过时间与空间的有机结合，使劳动教育真正融入幼儿的生活，并服务于其全面发展。只有将劳动教育与幼儿的实际经验紧密结合，才能有效培养其劳动能力、自主意识和社会责任感，最终实现劳动教育的育人价值。

二、多途径的融合："微劳动生态系统"模型

幼儿园劳动教育的核心在于通过真实的生活情境唤醒幼儿的主动性与创造性。"微劳动生态系统模型"以一日生活为载体，将劳动教育渗透于四大场景，并依托"自主探索—同伴互助—回顾反思"的三阶指导策略，形成螺旋上升的实践闭环。这种融合并非简单的活动叠加，而是通过情境途径联动、资源交互和经验迁移，实现劳动教育与幼儿发展的双向滋养，如同在幼儿成长的沃土中播撒下劳动的种子，静待其生根发芽、枝繁叶茂。

（一）自我照护场景：生活常规中的能力培养

自我照护场景将劳动教育自然融入幼儿每日必需的生活环节，如晨间入园、餐点准备、午睡整理和离园准备等。在这些看似平常的生活流程中，幼儿通过完成穿衣、洗漱、整理物品等任务，逐步建立起基本的生活自理能力。教师通过创设支持性环境，提供适龄的操作材料，让幼儿在反复实践中掌握生活技能。这种融入日常的自我服务，不仅培养了幼儿的独立性，更让他们在完成任务的过程中获得成就感和自信心，为后续更复杂的劳动活动奠定基础。

1. 处于自我照护场景下的三阶指导策略

（1）第一阶段：自主探索中的"试错即成长"。幼儿在自我照护活动中自由尝试，如穿鞋、穿衣等。他们在尝试中不怕失败，逐渐掌握技巧，增强了自信心。教师提供安全的环境和必要的工具，支持幼儿在实践中学习和成长。

（2）第二阶段：同伴互助中的"分享中赋能"。幼儿在小组中分享自我照护的经验和方法，通过互相学习和借鉴来增强彼此的能力。教师组织讨论，鼓励幼儿分享创意，激发新的想法。同伴互助提升了幼儿的自我照护技能和合作能力。

（3）第三阶段：回顾倾听中的"体验见智慧"。幼儿回顾自我照护的过程，分享他们的感受和体会。通过回顾，幼儿发现自己穿鞋的速度越来越快，学会了从实践中总结经验，变得更加自信和独立。教师支持幼儿总结经验，提炼智慧，加深他们对自我照护的理解。

2. 三阶指导策略的应用

小班：幼儿在自我照护的自主探索中，尝试自己穿鞋子，可能会穿反或穿错，但在不断尝试中逐渐掌握正确的方法；在同伴互助时，在老师引导下和同伴分享穿鞋子的经验，互相帮助掌握正确的方法；并在老师的帮助下回顾穿鞋子的过程，认识到自己的进步。

中班：幼儿在自主探索中尝试自己整理衣物，可能会忘记掖好衣服，不过在不断尝试中学会了正确方法；在同伴互助环节，在小组中分享整理衣物的经验，互相学习更好的整理方法；在老师的引导下回顾整理衣物的过程，认识到自己的成长。

大班：幼儿在自主探索时尝试自己叠被子，可能会叠得不够整齐，但在不断尝试中学会正确方法；在同伴互助，在小组内分享叠被子的经验，互相学习叠得更整齐的方法；在老师引导下回顾叠被子的过程，认识到自己的进步和成就。

3. 这一场景中的注意事项

（1）需循序渐进增加任务难度，如从系纽扣过渡到整理书包。

（2）关注个体差异，对需要帮助的幼儿及时提供支持。

（3）强化安全意识，提升自我保护能力。

（二）环境共建场景：空间管理中的责任意识

环境共建场景将劳动教育延伸至幼儿生活的物理空间，包括教室、活动区和户外场所等。在这个场景中，幼儿通过参与班级环境的布置与维护，如整理玩具、清洁桌椅、照料植物等活动，建立起对集体空间的责任感。这种空间维度的劳动教育让幼儿意识到自己是环境的主人，他们的劳动直接影响着共同生活的品质。通过持续地参与和维护，幼儿不仅学会了管理空间的基本技能，更培养了爱护环境、珍惜劳动成果的意识和习惯。

1. 处于环境共建场景下的三阶指导策略

（1）第一阶段：自主探索中的"试错即成长"。幼儿在环境共建活动中自由探索，如布置教室等。他们在实践中发现哪些布局更方便取用，并学会如何根据实际需要来布置环境。教师提供材料和必要的工具，支持幼儿在实践中提升组织能力。

（2）第二阶段：同伴互助中的"分享中赋能"。幼儿在小组中分享自己的想法，通过合作完成教室的布置。他们在分享中互相学习，激发了新的创意。教师组织讨论，鼓励幼儿分享经验，提升环境布置的效果。同伴互助提升了幼儿的动手能力和团队精神。

（3）第三阶段：回顾倾听中的"体验见智慧"。幼儿回顾环境共建的过程，讨论他们的贡献和收获。通过回顾，幼儿发现自己和同伴的贡献，感到非常满意。教师支持幼儿总结经验，提出改进建议，培养他们的反思能力。

2. 三阶指导策略的应用

小班：幼儿在环境共建方面，自主探索时尝试布置教室，可能会把物品放错位置，在不断尝试中学会如何布置；在同伴互助中，在老师引导下分享布置教室的经验，互相帮助调整物品的位置；在老师的帮助下回顾布置教室的过程，认识到自己的贡献。

中班：幼儿在自主探索中尝试布置自然角，可能会忘记浇水，在不断尝试中学会照顾植物；在同伴互助环节，在小组中分享照顾植物的经验，互相学习更好的照顾方法；在老师引导下回顾照顾植物的过程，认识到自己的成长。

大班：幼儿在自主探索时尝试设计和布置户外游戏区域，可能会遇到空间布局问题，在不断尝试中学会优化布局；在同伴互助中，于小组内分享设计和布置经验，互相学习更好地设计和布置；在老师引导下回顾设计和布置过程，认识到自己的创意和成就。

3. 这一场景中的注意事项

（1）工具选择需符合安全标准（如塑料铲子替代金属制品）。

（2）关注幼儿积极正确的责任意识的建立。

（3）细致观察幼儿的劳动情绪，防止幼儿因重复劳动产生倦怠。

（三）社会服务场景：人际互动中的价值体验

社会服务场景将劳动教育与幼儿的社会性发展相结合，通过为他人和集体服务的活动，如值日生工作、帮助同伴、参与公益活动等，让幼儿体验到劳动的社会价值。在这个场景中，劳动不仅仅是个人技能的练习，而成为连接自我与他人的桥梁。幼儿在服务他人的过程中，不仅锻炼了沟通协作能力，更培养了同理心和社会责任感。这种社会性劳动让幼儿逐渐理解劳动的意义不仅在于完成任务本身，更在于为集体和社会作出贡献。

1. 处于社会服务场景下的三阶指导策略

（1）第一阶段：自主探索中的"试错即成长"。幼儿参与社会服务活动，如整理图书、照顾植物，学习如何为他人提供帮助和服务。他们在实践中增强了社会责任感。教师提供必要的工具和环境，支持幼儿在服务中学习和成长。

（2）第二阶段：同伴互助中的"分享中赋能"。幼儿在分享服务经验和心得的过程中，互相学习和借鉴。教师组织讨论，鼓励幼儿分享创意，提升服务意识和能力。同伴互助提升了幼儿的服务能力和同理心。

（3）第三阶段：回顾倾听中的"体验见智慧"。幼儿回顾服务过程，分享他们的感受和服务成果。通过回顾，幼儿感受到帮助他人的意义，学会了从服务中汲取智慧。教师支持幼儿总结经验，培养他们的社会责任感。

2. 三阶指导策略的应用

小班：幼儿在自主探索时尝试帮助整理玩具，可能会把玩具放错位置，但在不断尝试中学会分类整理；在同伴互助方面，在老师的引导下分享整理玩具的经验，互相帮助，提高整理效率；在老师的帮助下回顾整理玩具的过程，认识到自己的贡献。

中班：幼儿在自主探索中尝试帮助照顾小动物，可能会忘记喂食，但在不断尝试中学会照顾动物的方法；在同伴互助环节，在小组中分享照顾小动物的经验，互相学习更好的照顾方法；在老师的引导下回顾照顾小动物的过程，认识到自己的成长。

大班：幼儿在自主探索时尝试帮助社区老人，可能会忘记某些细节，但在不断尝试中学会更好地帮助他人；在同伴互助中，在小组内分享帮助老人的经验，互相学习如何更好地提供帮助；在老师的引导下回顾帮助老人的过程，认识到自己的社会责任感。

3. 这一场景中的注意事项

（1）服务任务需在幼儿能力范围内。

（2）避免因强调帮助他人而牺牲自我。

（3）需关注幼儿在社会交往过程中的挫败感，建立积极的劳动观念。

（四）创造性活动场景：探索实践中的创新思维

创造性活动场景为幼儿提供了发挥想象力和创造力的劳动平台，包括手工制作、艺术创作、科学探索等活动。在这个场景中，劳动超越了简单的技能模仿，成为幼儿表达自我、探索世界的方式。通过使用各种工具材料，尝试解决实际问题，幼儿的动手能力和创新思维得到充分发展。这种创造性的劳动体验，让幼儿感受到劳动的乐趣和无限可能，培养了他们主动探索、勇于尝试的学习品质。

1. 处于创造性活动场景下的三阶指导策略

（1）第一阶段：自主探索中的"试错即成长"。幼儿使用丰富的材料和工具自由发挥想象力进行创作。他们在尝试中不断改进自己的设计，学会如何将创意转化为现实。教师提供必要的工具和环境，支持幼儿在实践中培养创新思维和动手能力。

（2）第二阶段：同伴互助中的"分享中赋能"。幼儿在展示和分享作品的过程中，互相欣赏和学习。教师组织讨论，鼓励幼儿分享创意，激发新的想法。同伴互助提升了幼儿的审美能力和创造力。

（3）第三阶段：回顾倾听中的"体验见智慧"。幼儿回顾创作过程，分享他们的创意来源和实现方法。通过回顾，幼儿发现自己作品的独特之处，学会从创作中汲取智慧。教师支持幼儿总结经验，提炼智慧，培养他们的创造力。

2. 三阶指导策略的应用

小班：幼儿在自主探索时尝试使用彩泥制作小动物，可能形状不准确，但在不断尝试中学会塑造；在同伴互助时，在老师的引导下分享制作小动物的经验，互相学习如何更好地塑造；在老师的帮助下回顾制作小动物的过程，认识到自己的创意。

中班：幼儿在自主探索中尝试使用纸板制作玩具，可能结构不稳定，但在不断尝试中学会构建；在同伴互助环节，在小组中分享制作玩具的经验，互相学习如何更好地构建；在老师的引导下回顾制作玩具的过程，认识到自己的进步。

大班：幼儿在自主探索时尝试使用木板和工具制作家具，可能遇到技术难题，但在不断尝试中学会制作；在同伴互助时，在小组内分享制作家具的经验，互相学习如何更好地制作；在老师的引导下回顾制作家具的过程，认识到自己的创造力和成就。

3. 这一场景中的注意事项

（1）开放性材料占比不能过低，保证幼儿自主创作的空间。

（2）有安全隐患的工具需采用适宜的方式进行提供和使用。

（3）劳动评价应侧重过程性描述而非结果评判。

通过这种多场景、多途径的协同实施，劳动教育不再是幼儿园日程中的孤立环节，而成为贯穿幼儿一日生活的教育主线。幼儿在自然的流程中积累劳动经验，在多样的活动中发展劳动素养，最终实现知情意行的全面发展。这种系统化的劳动教育模式，既符合幼儿的学习特点，又能有效促进其终身发展所需的关键能力和品质的形成。在此模式下，完整的幼儿园劳动教育也实现了真正闭环，如下图。

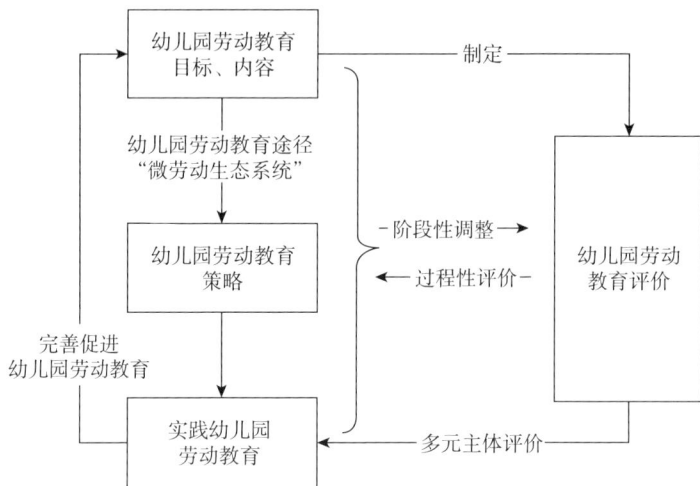

图中系统呈现了幼儿园劳动教育的完整运行过程，包括设计、实施、评价和优化四个关键环节，形成一个闭环体系。

其中主线部分是以幼儿园劳动教育目标、内容制定为起点，为劳动教育提供明确方向，确保后续实施有据可依。随后，以微劳动生态系统为核心载体，将劳动教育自然融入幼儿日常生活，形成可持续的教育场景，进而形成劳动教育策略，以此作为动态调整支点，确保教育方法符合幼儿发展需求和兴趣特点。最后，实践幼儿园劳动教育，将教育理念转化为具体行动。

图左侧的完善促进机制提供保障支持，为劳动教育提供必要的资源和支持系统，确保教育实施的可持续性。

图右侧的幼儿园劳动教育评价是依据幼儿园劳动教育目标、内容来制定的，结合科学评估实现劳动教育质量的持续提升。在实施中，重视过程性评估，定期进行阶段性调整，确保教育内容和方法始终符合幼儿发展需求。在实践层面关注多元主体评价，保持教育内容的适宜性和有效性。

本图不仅展示了幼儿园劳动教育的理论框架，更提供了一套可操作、可迭代的实践方案，帮助教育工作者系统推进劳动教育实施。

第三章　幼儿园实施劳动教育的策略与建议

　　本章呈现的策略与建议让教师从思想层面深刻认识、认可劳动教育的树德、增智、强体、育美的综合育人价值。在幼儿园"微劳动生态系统"中，教师依托自我照护、环境共建、社会服务、创造性活动四大实践场景，通过观察支持—合作引导—自主拓展的三阶指导策略，充分挖掘一日生活各环节的劳动教育契机。在设计活动时，教师既能基于不同场景的特点（如自我照护场景中的生活技能习得、创造性活动中的开放性探索）尊重幼儿需要，又能结合年龄特点灵活调整活动进程，在环境共建中鼓励共同协作，在社会服务中启发责任意识，最终让幼儿在系统化、场景化的劳动实践中获得全面发展。

劳动教育具有树德、增智、强体、健美的综合育人价值。然而，如何有效地实施劳动教育，使其真正融入幼儿的日常生活并发挥其育人价值，是当前学前教育领域亟待解决的现实问题。本章将从幼儿园劳动教育的策略与建议入手，深入探讨如何在实践中落实劳动教育的理念，使其成为幼儿成长过程中不可或缺的一部分。通过对策略的详细阐述，揭示如何在幼儿园的一日生活中渗透劳动教育，如何在预设与生成之间找到平衡，以及如何通过家园合作等方式为幼儿营造支持性、启发性的劳动教育环境。这些策略与建议不仅基于对学前教育理论的深刻理解，更结合了丰富的教育实践，旨在帮助教师应对教育现场的复杂性和变化性，为幼儿的全面发展奠定坚实基础。值得注意的是，每种策略都不是孤立存在的，而是与其他策略相互补充、相互促进的。这些策略也对接幼儿园劳动教育发展现状中的一些问题，共同构成生动、多彩的动态网络，促进幼儿全面发展。

第一节　幼儿园实施劳动教育的策略

一、在一日生活中"渗透"

幼儿园开展劳动教育要渗透在一日生活中，渗透在保育教育工作中。劳动教育不是独立的课程，而是与幼儿生活、幼儿园的日常保教活动高度融合的。"在一日生活中'渗透'"强调教育的自然性，将劳动教育融入幼儿日常生活各环节，不与幼儿的生活活动、游戏活动、学习活动相割裂，使幼儿在不知不觉中参与劳动，收获劳动的快乐。

（一）在一日生活中渗透劳动教育的理念

劳动教育中的"劳动"是体脑结合、身心合一的劳动。劳动并非成人安排幼儿做事情，而是教师抓住幼儿的兴趣，把握教育契机，支持幼儿做事情。教师要把视角转向关注幼儿的生活和需要，挖掘生活中蕴含的劳动教育契机，深入理解在一日生活中渗透劳动教育的内涵。

这张照片上的衣架是怎么了（图 1），为什么衣架上会粘有玩具？原来，幼儿在挂外套时，衣服总是滑落到地上，总得捡起来重新挂。教师问幼儿："衣服为什么总是掉呢？"幼儿回答："衣服太滑了。"教师又问："有什么办法能让衣服不掉下来？"于是幼儿开始在班级里找各种玩具，把这些玩具粘在衣架上（图 2），再把自己的衣服挂上去试试，果然不掉了。

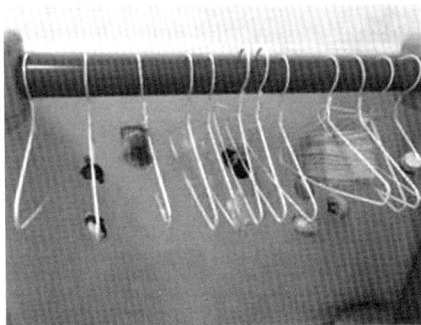
图 1

图 2

上述案例中的主体是小班幼儿，一般情况下，老师往往会帮助幼儿把衣服搭好，无形中，幼儿就错失了自己劳动的机会。当劳动教育的理念渗透到思想，内化于心的时候，老师会更有意识地去把握生活中的教育契机，鼓励幼儿大胆做、自己做。在这个过程中，幼儿需要观察、分析不同材料的质地与特点，动手对衣架进行改造，全身心地投入动手动脑做事的情境里，感受劳动让生活更美好。

教师抓住生活中的现象，抓住幼儿生活中的需要，激发幼儿动手操作的兴趣。幼儿寻找材料改变衣架的现状，解决自己生活中的问题。通过自己动手做事，体验小手很能干，激发热爱劳动的情感及自我认同感。

（二）在一日生活中渗透劳动教育的目标

生活中处处有劳动教育契机，那一日生活中所有的劳动都要开展劳动教育吗？为避免产生"有劳动无教育"和"有教育无劳动"的现象，教师要秉承"做中学"的教育理念，将"劳动"与"教育"深度结合，融合幼儿认知、情感、身体上的多重互动。把握幼儿园劳动教育的目标定位，将目标渗透在一日生活中，育人无声。

如《小保洁》案例中渗透的目标是《指南》中的"尊重各公共场所为我们服务的人，初步感知不同职业劳动者的辛苦，懂得尊重他们的劳动付出与成果，愿意主动参与劳动。""小保洁们"数毛巾的初心是想帮助保洁阿姨做一些事情，但通过教师的引导，幼儿开始思考清洁工作对环境和个人卫生的影响，感知到保洁工作的重要性和意义，激发了对保洁阿姨辛勤付出的感激之情。

（三）在一日生活中渗透劳动教育评价

在一日生活中渗透劳动教育评价，意味着将评价视为教育过程的有机组成部分，而不仅仅是事后的一项评估。幼儿作为劳动教育活动的主体，他们的直接体验和感受是最宝贵的第一手资料。因此，在一日生活中渗透劳动教育评价时，要注重"用过程回应过程"，渗透"幼儿自评"的评价方式，强调在活动过程中持续、自然地进行评价。

幼儿分享自己在活动中的感受、体验的过程其实就是在进行自我评价，这种评价方式能够激发幼儿的内在动机，增强他们的自我效能感，远比物质激励更能帮助孩子们形成稳固的劳动情感、精神和品质。例如，在《被子大作战》案例中，幼儿参与整理床铺的活动，教师引导幼儿分享自己的感受和体验，如"你觉得自己做得怎么样？"这样的提问鼓励幼儿对自己在活动中的努力和成果进行反思。又如，在《保护玩具小使者》案例中，幼儿在保护和整理玩具的活动中，通过自我评价认识到自己在团队合作和责任感方面的表现情况。

（四）在一日生活中渗透劳动教育方法

渗透是自然的、生成的，一日生活中的劳动教育更是预设和生成的有机结合。劳动活动来源于幼儿的兴趣，也离不开教师对于《指南》、幼儿年龄特点和发展阶段的熟知与把握。在预设和生成有机结合、相互促进的过程中，教师可以通过以下几个有效策略捕捉幼儿的兴趣，发现教育契机，促进幼儿发展。

1. 观察引导，捕捉教育契机

观察幼儿是生成劳动教育活动的前提，一日生活中很多劳动教育的契机都是由幼儿的兴趣引发的。教师需通过细致观察与耐心沟通，深入理解幼儿的内心诉求。同时，应充分尊重幼儿的劳动意愿，对其劳动意愿给予充分的肯定与支持，以此培养幼儿的自我效能感。其次，教师应采取适度的"退位"原则，为幼儿创设充足的自主探索空间。教师要理解幼儿试错的过程，观察每一次的尝试与发现，这些都是成长过程中不可磨灭的细节，也是前进之路上留下的重要脚印。

例如，每一天的收放玩具环节，老师有意识地观察幼儿，就会看到幼儿是如何收放玩具的，是自己主动的，还是他人提醒的；是用什么方法收放的，在收放的过程中是否有序，收放完是否整齐；在收放过程中遇到了什么困难，有没有其他人帮助，同伴之间的互动有哪些。对这些细节的观察和把握是教师在生活活动中培养和指导幼儿提高自我服务能力和为他人、集体服务能力非常有效的方法。老师只有关注到这些细节，才能在劳动后有和幼儿分享交流的内容，或是帮助幼儿提升经验，或是生成新的活动内容。

2. 兴趣驱动，激发参与热情

幼儿的一切活动皆由兴趣引发，也在兴趣中得到发展，在劳动教育中亦是如此。在一日生活中，既有由幼儿兴趣引发的劳动活动，也有教师根据幼儿年龄特点预设吸引幼儿兴趣的劳动活动。在教育实践中，教师应具备教育敏感性，及时把握幼儿的兴趣点，并追随幼儿的兴趣，根据其发展的需求提供适切的引导与支持。

如"自然角里的种植日志"活动的起源是教师希望通过种植活动改变幼儿挑食的现状，挑食的问题最终得到了解决。但过程中最生动的部分在于幼儿对种植蘑菇产生的好奇，对蘑菇精心的照顾，对蘑菇生长的期待，对蘑菇生长成熟的喜悦、激动。这也是幼儿在活动过程中最快乐、最有发展意义的部分。幼儿在兴趣的驱使下做力所能及的事情，在种植任务中付出努力、调动经验、同伴间相互学习，反映出对劳动积极的态度和情感体验，形成了劳动认知，满足了在劳动中的探索和发现。幼儿的兴趣所在就是活动的发展所在。因为教师了解幼儿的年龄特点，尊重幼儿的兴趣，所以在投放了蘑菇、豆苗后引发了一系列的幼儿劳动活动。

3. 探索启智，挖掘成长潜能

幼儿劳动并不仅是体力上的劳作，最有价值的部分是在劳动中的探索。幼儿的劳动完全抛开了利益驱使，是内在发展需求的反映，是幼儿认识周围事物的途径。劳动给了他们亲身体验、动手操作、直接感知的机会，所以常常看到幼儿对待劳动是兴奋的、愉悦的、乐此不疲的，更为重要的是，幼儿在体验劳动的过程中展现出了智慧，体现了劳动活动对幼儿全面发展的独特价值。

例如，在"摘石榴到晾果干"的主题活动中，有很多个生长点引发了幼儿的探索活动。第一，对摘石榴工具的探索。到底用什么工具摘石榴？幼儿先在生活中寻找，又在实践中尝试，发现了哪个工具好用，哪个不好用。第二，工具不够引发幼儿自制摘石榴的工具。在这个过程中，幼儿选择材料、克服困难，如果制作好的工具并不适用，还要再进行修改。第三，用什么方法晾晒果干？为什么晾晒不成功？这些既是幼儿的问题，也是活动的生长点。幼儿大胆动手实践，遇到困难或问题积极想办法解决，在已有经验与新经验的建构中获得了对劳动的认知，体会工具的使用，体会服务自我、服务他人或集体带来的快乐，获得了积极的劳动体验。这些生长点正是幼儿在劳动活动中获得劳动情感、劳动态度、劳动方法的关键点，教师要围绕这些生长点与幼儿展开讨论，不仅推动劳动活动持续发展，而且帮助幼儿理解劳动内涵。

4. 分享激励，巩固劳动价值

在幼儿园劳动教育中，教师通过关注、记录和分享幼儿的劳动故事，对幼儿的参与过程给予积极评价，激发其内在经验的积累与成长。具体而言，教师需在自我照护、服务他人、种植活动、手工活动等不同劳动场景中，敏锐观察幼儿的表现，捕捉有价值的瞬间，并在活动后与幼儿一起分享交流，鼓励幼儿主动表达自己的感受、做法、想法，在分享中敢说、想说、愿意说。在此过程中，幼儿通过个体的表达，与老师、同伴的交流，稳固劳动情感、态度，将自己的发现升华为有益经验，形成智慧。

例如，幼儿用他的画记录了整理户外玩具流星包的过程（图3），他说流星包是布的，容易有土，应该把它们拿出来拍一拍，土就没了，然后再整理玩具箱，用布擦一擦。他建议小朋友整理这个玩具时都用这种方法，特别方便。

图 3

幼儿自己记录的劳动故事，是个体内在成长的显性表现。通过幼儿的分享，可以真实看到其在劳动过程中的想法和收获。同时，他们的经验对于集体间的相互学习交流也非常有益。教师要通过故事分享肯定幼儿的劳动行为，激发其内在的积极情感，形成劳动价值观和劳动素养。

二、把握四个关注点

在时间、空间维度不断变化的情况下，"把握四个关注点"变得尤为重要。"四个关注点"明确了幼儿园实施劳动教育的重点，确保劳动教育活动全方位为幼儿的身心健康发展服务。

（一）关注劳动教育价值

劳动教育是综合性的教育活动，其目的是培养学生的劳动观念、情感、意志、习惯和能力，以及通过劳动教育促进人的全面发展。[①]幼儿园在开展劳动教育时，应超越单纯的技能培养，既要关注幼儿劳动价值观的塑造，又要关注劳动教育树德、增智、强体、育美的育人价值。

在"擦小椅子"活动中，幼儿不仅学会了使用劳动工具，掌握了擦拭的方法与技巧，提高了劳动能力，而且意识到劳动能让生活环境更加美好，体验到了团队合作的乐趣和劳动带来的满足感，增强了责任感，懂得环境需要大家一起爱护，发展了耐心和细致的品质。"私人订制表演服装与发圈"活动激发了幼儿自己定做服装、主动劳动的愿望，培养了其积极的劳动态度，促进了幼儿想象力、创造力的发展和审美能力的提升。"收纳积木"活动不仅促进幼儿社会性的发展，而且促进幼儿语言表达能力、空间感知能力的提升，培养了他们积极主动的学习品质。

幼儿园的劳动教育活动不仅能促进幼儿动手能力、社交能力、语言表达能力的发展，更重要的是培养他们形成认真做事、勇敢探索、乐于助人的良好品质。这是教师充分认识到劳动教育价值的结果，真正促进幼儿成为一个完整的、有责任感和有能力的个体。

（二）关注幼儿基本需要

幼儿做的是他自己想做的事情，劳动的本质是满足人生存的需要。基于幼儿的基本需要开展劳动教育活动，才能充分发挥劳动教育的育人价值。当为满足自己的需要而劳动时，劳动和满足的过程几乎是一体的。这种生存的需要包括生活的需要、安全的需要、社会交往的需要和自我实现的需要。

在"干净的地面"活动中，幼儿用笤帚把班级的地面打扫干净，满足了对

---

① 檀传宝. 劳动教育的概念理解——如何认识劳动教育概念的基本内涵与基本特征［J］. 中国教育学刊，2019（2）：82-84.

美好生活环境的需要；在"冬天里保护我自己""清凉扇"活动中，幼儿根据天气变化，产生了织围巾、制作扇子的愿望，这都是劳动在满足幼儿自我保护的需要；"时光纪念册"活动满足了幼儿社会交往、情感表达的需要；在"解决水源小分队"活动中，幼儿在与同伴合作运水的过程中收获了成就感，自我实现的需要得到了满足。

基于对幼儿基本需要的关注和满足的劳动教育活动，不仅能激发幼儿的劳动愿望与热情，而且能让幼儿在满足自身需求的过程中收获自信，增强自我效能感，感受到劳动的价值，保持热爱劳动的情感。

（三）关注幼儿年龄特点

教育要尊重幼儿的年龄特点。不同年龄段的幼儿具有不同的发展水平和能力。幼儿园的劳动教育应当充分考虑幼儿的年龄特点，选择与幼儿发展水平相适应的教育内容和活动形式，帮助幼儿在劳动中发现自己的价值，体验成长的喜悦，促进他们在最近发展区内获得发展。

小班幼儿能够进行基本的劳动，爱好模仿，但注意力时间短。在小班开展劳动教育时可以采用游戏化的方式，同时，教师可以鼓励幼儿完成一些简单的任务，培养他们的自我服务能力。如在"洗手擦手油"活动中，教师通过小儿歌的方式鼓励幼儿自己尝试抹手油；在"和小种子一起长大"活动中，幼儿学习照顾植物的方法，也学会了关爱大自然。

中大班幼儿动作发展更加协调，有意行为增多，自我意识和规则意识增强，社会交往能力也有了很大提高。中大班在开展劳动教育时要多给予幼儿自主的空间，创设小组劳动的机会，并鼓励幼儿及时分享感受，进行自我评价。"楼顶小菜园""给植物搭家"活动充分发挥了幼儿的创造性和团队合作能力，他们用自己的方式丰富着自己的劳动体验。在"自理20分钟""被子大作战"活动中，幼儿积极表达自己的感受，这其实就是幼儿在表达自己对于劳动的理解，是幼儿将参与劳动所带来的情感体验内化于心的重要过程。

（四）关注家庭劳动教育

劳动教育离不开家庭的支持，家庭是幼儿形成劳动观念和习惯的重要基地。《中华人民共和国劳动教育促进法》明确提出家庭教育要帮助未成年人树立正确的劳动观念，参加力所能及的劳动，提高生活自理能力和独立生活能力，养成吃苦耐劳的优秀品格和热爱劳动的良好习惯。可见，家庭在劳动教育方面也承担着重要的责任。

然而现实中，许多家长常常觉得幼儿年龄小、劳动能力有限，包办、代替幼儿的日常劳动，甚至包括一些基本的自我服务行为，殊不知，这种做法大大剥夺了幼儿通过劳动实现全面发展的机会。

为了改变这一现状，幼儿园劳动教育的实施要加强关注家庭教育的情况，积极与家长沟通，帮助家长树立正确的劳动教育观念。如果家庭教育与幼儿园的劳动教育方向不一致，可能会导致孩子在劳动价值观和行为习惯的养成上产生错乱感，影响劳动教育效果。幼儿园应与家庭紧密合作，共同营造一个有利于幼儿参与劳动、体验劳动价值的环境，实现家园协同育人。只有家园教育方向一致，劳动教育才能真正发挥其育人价值，幼儿才会在劳动中真正收获成长。

三、在预设与生成中推进

劳动教育在幼儿园一日生活中不是简单的劳动活动，劳动教育既不能完全预设也不能完全生成。预设的劳动教育活动能够确保教育目标的明确性，往往是一次性的活动；而生成的活动则能够根据儿童的即时兴趣和需求灵活调整，延伸出系列活动，有助于培养幼儿的劳动情感，稳固幼儿热爱劳动的品质。想在幼儿园一日生活中有效渗透劳动教育，二者是缺一不可的。"在预设和生成中推进"强调教育的灵活性与创新性，鼓励教师根据幼儿的兴趣和需求及时调整教育活动。教师需要在预设和生成之间找到平衡点。在设计活动时，既要考虑教育目标，也要留有足够的空间，让幼儿能够根据自己的兴趣和好奇心去探索。

案例1：

活动背景：

大班幼儿临近毕业，近期总有幼儿表达自己舍不得小伙伴，舍不得老师，舍不得离开幼儿园；也有一些幼儿表示很期待小学生活。

活动名称：

春天里的娃娃家

预设的教育目标：

1. 积极参加集体活动，愿意为集体做事情。

2. 用自己喜欢的方式表达对幼儿园的感恩与留恋。

3. 基本了解小学生的生活，对小学充满向往。

幼儿的兴趣及生成的活动：

第一阶段：想在幼儿园建造一个全园小朋友都可以玩的娃娃家→选址大调查

第二阶段：建造娃娃家需要很多材料→我当设计师、玩具大收集、制作美食、娃娃家初体验

第三阶段：发现娃娃家存在的问题（游戏规则不明确、人太多、物品收纳无序、小班弟弟妹妹不会收拾玩具……）→设计娃娃家的规则、爱护娃娃家、分类整理玩具

在设计毕业活动的时候，老师预设的教育重点是培养幼儿的集体责任感、懂得感恩和向往小学。当听到幼儿的毕业愿望是"想在幼儿园建造一个大家都

可以玩的娃娃家"时，教师及时转变方向，追随幼儿的兴趣生成了很多劳动教育活动。不难发现，上述活动不仅实现了预设的教育目标，而且充分调动了幼儿的积极性和创造性。在预设与生成中推进"春天里的娃娃家"活动，将劳动教育融入幼儿的日常生活中，促进幼儿在劳动的过程中动脑思考，动手实践，学会倾听他人的想法，学会与同伴合作，发展劳动精神和劳动能力。

案例 2：

活动背景：

新学期开始了，教师预设了角色区的游戏主题，包括小医院、小餐厅、照相馆、中药馆、小超市、花店、甜品店……同时，教师也与幼儿展开了一次畅谈"如果开××，我们可以怎样玩"。孩子们的兴趣聚焦在开小超市。

小森："我觉得小超市挺好玩的，因为我跟我妈妈一起去超市，都是她买东西，我看着。咱们班开了超市，我就可以自己买了。"

沫沫："我想当超市里的收银员，收钱找零钱，我喜欢。"

航航："我家里有很多旧玩具，我可以都拿过来给小超市。"

……

活动名称：

百宝箱超市

幼儿的兴趣及生成的活动：

第一阶段：超市里面都有什么？如何布满货架，让小超市开张？→员工会议、定制货架、给物品定价

第二阶段：试营业时，物品就被售空了，无法正常营业→物品大搜集

第三阶段：秩序混乱、分工不合理（收银员算不过来账，维持秩序的保安不知道应该怎么做，理货员没有事情可做）→超市员工职责、有秩序的小超市

第四阶段：新的收银问题（卖出的东西与收到的钱不符，排队的人太多，幼儿对定价有不同看法）→收钱专项会议

第五阶段：超市存在一些滞销物品→超市大促销、制定"奖金"制度

第六阶段：小超市的物品不断上新，种类也越来越多，三个玩具柜已经满足不了超市的物品需求→图书放在哪里、户外小超市开分店啦

教师预设了小超市角色游戏，为幼儿提供了一个模拟真实生活情景的机会。起初，教师也曾想过，万一幼儿玩着玩着没有兴趣了，超市经营不下去了应该怎么办。但就现阶段来看，幼儿每天都有新发现、新玩法、新问题。教师捕捉、追踪幼儿的兴趣生成了一系列劳动教育活动，这些都是推动幼儿自主学习的过程。这些活动让幼儿在实际操作中感受到劳动的价值和意义。活动中，幼儿和教师俨然成为超市中的一名店员，经营超市不仅是幼儿的愿望，更是幼儿的劳动行为，无异于成人上班。他们亲身体验作为超市店员该履行的职责，

解决超市营业中的问题，感受到作为一名员工付出劳动和聪明才干带来的成就感。面对状况百出的超市，他们增强了合作意识，也从中理解了社会规则，了解了劳动的辛苦，学会了尊重劳动者，珍惜劳动成果。

总之，劳动教育的成功实施需要教师在预设和生成之间灵活转换，既要确保教育目标的实现，又要尊重和追随儿童的兴趣和需求；既让幼儿学习到劳动技能，又让幼儿在劳动中体验到乐趣，培养他们积极的劳动态度和习惯。这样的劳动教育才能真正发挥其育人价值，为儿童的全面发展奠定坚实的基础。

第二节　幼儿园开展劳动教育的建议

一、幼儿园劳动教育应关注安全和卫生问题，提高安全意识

幼儿园在开展劳动教育活动时，要重视安全和卫生问题，尤其要关注幼儿的安全。危险物品和环境要进行认真的检查和排查，保证室内室外的安全性。同时，在活动中，要耐心细致地教导幼儿如何保护自己，提高他们的安全防范意识。在卫生方面，要提供清洁、卫生的环境和器具，加强消毒和除菌工作，为幼儿营造一个健康安全的劳动环境。

二、幼儿园劳动教育应重视发挥家园合作的力量

幼儿的劳动情感、劳动能力、劳动品质需要不断强化，家庭教育对幼儿有着不可替代的影响。如果幼儿在幼儿园一周的生活都在学习独立进餐，周末两天回到家却被喂饭，那么幼儿在园五天的学习效果将直接被削弱，造成"5＋2＝0"的现象。为避免幼儿园劳动教育出现上述结果，加强对家庭教育的引导就显得尤为重要。

（一）引导家长树立积极的价值观和劳动意识

家长对于幼儿劳动教育的态度直接关系幼儿园开展劳动教育的质量，会影响幼儿在园参与活动的情绪和感受。幼儿园充分利用微信公众号平台与家长建立专题式的连接，结合具体事件、典型案例对幼儿的行为进行解读，帮助家长看到劳动教育对幼儿的意义和长远价值。如对幼儿叠被行为的分析：叠被子这件事看似很平常，但对于小朋友而言是一项不小的挑战。他们需要观察、动手

尝试、调整，尽量把被子铺平、叠整齐。在操作感知中理解对折、对称的概念，这对他们今后在小学学习图形的变化是很好的实践经验积累。这个过程也会让他们手眼协调、专注投入地坚持做完一件事。每天都能坚持做好一件事，对他们来说既是习惯的养成，又在培养认真负责的精神和态度。他们会因此感受到自己很能干，越来越自信，愿意去做更多的事。有的家长看完之后特别感动，反馈给教师：原来生活中的小事具有这样重要的意义，好习惯和能力都是在这样一点一滴的小事中养成的。我们当家长的，在家庭中就要常常让孩子参与到家务活动中来，让孩子做自己生活的主人，保持对生活的热爱和创造，让他们了解劳动的重要性和价值，懂得珍惜生活和资源，学会尊重劳动和劳动者。

（二）邀请家长参与到幼儿园组织的劳动活动中来

幼儿园也会结合幼小衔接入学准备方面的要求，与幼儿一起商定、开展适宜的劳动任务打卡记录活动，家长可以带着孩子一起动手制作玩具、手工艺品等，并在制作过程中与孩子交流，让孩子体验到亲手制作的乐趣和喜悦。这样的活动有助于提升孩子的实践能力和动手能力。家长也可以和孩子一起参与幼儿园组织的社区活动，比如清理公共场所的垃圾、为老人送餐等。这些活动不仅可以让孩子感受到社区的温暖和关爱，而且能够提高他们的社交能力和责任感，促进他们对社会的认识和理解。

（三）欢迎家长对幼儿园开展的劳动教育活动进行评价

在幼儿园劳动教育方案的制订过程中，老师可以与家长进行沟通和交流，了解他们对于劳动教育的期望和建议，从而改进劳动教育的方案和方法。这有助于促进劳动教育的多元化发展，满足幼儿的不同需求和兴趣。在访谈中，有一位中班幼儿的家长说道："在幼儿园开展了收纳小能手的活动后，孩子在家吃完饭能够主动收拾桌子了，睡觉前会叠自己的小衣服，玩完玩具以后能整理自己的玩具柜。看到孩子做事情的样子，感觉孩子一下子就长大了。"家长认为这样既能锻炼孩子的自理能力，又能让孩子体会到做家务的辛苦，懂得家长的不容易，并希望孩子能把这些好习惯坚持下去，做到持之以恒。

第四章　幼儿园劳动教育评价

　　劳动教育作为幼儿全面发展的重要载体，其评价机制的科学建构直接影响着教育实践的品质与成效。本章立足于教育实践，系统探讨劳动教育评价的理论基础与实践路径：从价值内涵的解析到评价要素的建构，从常态化机制的设计到自我评价工具的应用，形成"理念—机制—工具"三位一体的框架。通过对真实案例的深度剖析，我们将揭示劳动教育评价如何超越简单的能力检测，成为促进幼儿劳动素养发展、支持教师专业反思、推动家园协同育人的重要支点，最终发挥评价激励人发展的作用。

劳动教育评价是幼儿园劳动教育体系中不可或缺的闭环机制。本章通过理论探索与实践验证，构建了立体化的幼儿园劳动教育评价方式。有效的劳动教育评价应当具备三个核心特征：首先是发展性，通过过程性评价记录幼儿在劳动态度、技能、习惯等方面的成长轨迹；其次是生态性，将评价自然融入一日生活，形成教师、幼儿、家长多元参与的动态评价网络；最后是生成性，借助案例研究揭示评价工具如何激发幼儿的元认知能力，使劳动体验升华为终身受益的劳动素养。这些发现不仅为幼儿园劳动教育的科学实施提供了方法论指导，更启示我们：当评价真正回归教育本质时，它便成为幼儿认识自我、教师理解儿童、家园形成合力的重要纽带，最终实现劳动教育树德、增智、强体、育美的综合育人价值。

第一节 对幼儿园劳动教育评价的
认识与思考

一、幼儿园劳动教育评价的内涵与意义

（一）幼儿园劳动教育评价的内涵

幼儿园劳动教育评价是劳动教育实践过程中的重要组成部分。相较于其他学段的评价，幼儿园劳动教育评价以过程性评价为主，这也是基于幼儿劳动的特点、幼儿年龄特点与学习方式。《指南》也提到应"鼓励幼儿做力所能及的事情，对幼儿的尝试与努力给予肯定，不因做不好或做得慢而包办代替"。

在幼儿园的教育实践中，劳动教育评价呈现出非正式评价与标准化评价并存的二元特征。非正式评价是幼儿园劳动教育中最常见、最具特色的评价方式，它往往通过教师即时的语言激励、行为反馈、物质奖励和情感支持等形式自然融入日常保教活动。当教师说出"你的衣服叠得好整齐"这样的肯定话语，或通过微笑、拥抱表达对幼儿劳动行为的赞赏时，都是在进行生动有效的非正式评价。这种评价具有即时性、情境性和发展性的特点，能够抓住幼儿日常生活中的劳动契机，在真实的活动场景中促进幼儿发展。

与此同时，标准化评价作为幼儿园保教管理的重要基础，同样不可或缺。教师能够收集幼儿在各类劳动活动中的行为表现数据，如记录不同幼儿在种植区活动中展现的兴趣偏好、参与程度和技能发展差异。这些实证数据为教师优化劳动教育提供了科学依据，促使劳动教育从原先零散随意的活动逐步转变为遵循幼儿发展规律的系统化课程体系。例如，当评价数据显示多数幼儿对操作性劳动更感兴趣时，教师会相应增加"小小木工坊""创意手工"等活动；当发现部分幼儿在集体劳动中缺乏主动性时，则会设计更多小组合作的游戏，如"帮玩具找家""班级小管家"等趣味任务，实现劳动教育的游戏化转型。更重要的是，劳动教育评价构建了新型家园共育模式。幼儿园通过设计"成长档案""家庭劳动任务卡"等工具，将园内评价与家庭实践有机结合。每周的"劳动之星"评选、定期的"亲子劳动日"等活动，既让家长直观了解孩子的进步，又引导家长转变教育观念。不少家长反馈，通过参与评价过程，他们认识到劳动教育对培养孩子责任感的重要性，开始有意识地减少包办代替行为，

在家庭中为幼儿创造更多的劳动机会。这种家园协同的评价机制形成了强大的教育合力，使劳动教育的效果得到显著提升。实践表明，科学完善的劳动教育评价体系不仅能优化幼儿园课程实施，更能促进教师专业成长，改善家庭教育方式，并促使幼儿获得劳动素养。

（二）幼儿园劳动教育评价的重要意义

教育评价是连接教育各要素的纽带，对教育的方向、内容和质量起着反馈、调节和优化的作用。劳动教育评价在劳动教育微生态系统中也至关重要。劳动教育评价是通过系统化的方法和标准，对学习者在劳动教育过程中所获得的知识、技能、态度、价值观以及实践成果进行观察、分析和价值判断的过程。而幼儿园劳动教育评价是通过观察、记录、分析等方式，对3～6岁幼儿在劳动教育活动中的参与程度、能力发展及劳动观念的形成进行系统价值判断的过程。幼儿园劳动教育的评价不仅关注对幼儿劳动能力的培养，更关注对其情感、态度和价值观的塑造。科学的评价能有效激励幼儿成长，促使教师对劳动教育活动的实施过程进行思考、完善。通过劳动教育评价，教师能够了解幼儿在劳动过程中的体验和感受，从而更好地引导他们形成积极的劳动观念，养成良好的劳动习惯，而非单纯地追求劳动成果。

1. 促进幼儿形成终身劳动素养与健全人格

幼儿园劳动教育评价首先要关注幼儿在参与劳动过程中的情感体验，避免结果导向的"对错评判"。教师可以请幼儿说一说自己在劳动中的感受，帮助幼儿形成"劳动是快乐且有价值"的积极认知。其次是关注幼儿劳动能力的提升。教师通过观察、记录幼儿在劳动中的表现（如整理玩具、参与种植），识别其劳动能力的发展水平，并因材施教，逐步提升其动手能力与问题解决能力。借助"在劳动中做什么的时候你最开心""在这么快乐的劳动中，你遇到什么问题了吗？"等开放性提问让幼儿有意识地评价自己的劳动。最后，劳动教育评价要尊重幼儿的发展节奏，通过个体化评价（如记录"独立穿鞋从需要帮助到熟练完成"的过程）引导其在自身原有基础上逐步发展，避免横向比较给幼儿带来挫败感。

2. 推动幼儿园劳动教育的科学化与专业化

幼儿园劳动教育评价数据（如幼儿在种植活动中表现出的兴趣差异）能够为教师调整日常活动内容、形式提供依据，推动劳动教育从"随意化"走向"系统化""游戏化"。在这一过程中，教师的专业能力也获得发展。为了准确评估幼儿的劳动行为，教师需要系统学习观察方法，掌握科学的评价工具的使用技巧。这种专业要求推动教师从依赖个人经验的"经验型"实践者，转变为善于分析、乐于思考的"研究型"教育者。许多教师在实践中发现，通过持续的评价反思，他们能更精准地把握每个幼儿的劳动能力发展特点，从而提供更有针对性的指导。这种专业能力的提升，使劳动教育从简单的活动组织升华为促进幼儿全面发展的专业实践。同时还构建起家园共育生态，把幼儿在园的劳动表现与家庭劳动教育进行联动评价，帮助家长理解劳动教育的价值，减少家庭中的过度包办，形成教育合力。

3. 培育具备社会责任感和创新精神的未来公民

从社会发展的视角看，幼儿园劳动教育评价承载着培育未来公民的重要使命。首先，通过劳动教育实践与评价，能帮助幼儿建立"劳动创造美好生活"的认知，培养其珍惜劳动成果、尊重各类职业的态度，如引导幼儿理解食物来之不易，从而自觉践行光盘行动，体会环卫工人的辛劳而主动维护环境，这些都在潜移默化中塑造着幼儿的社会责任感。其次，劳动教育评价强调协作共享的价值导向，在小组共同完成种植、清洁等任务的过程中，幼儿逐步学会换位思考、懂得合作，这种帮助幼儿"去自我中心化"的体验为其未来成为具有平等意识、懂得互帮互助的社会公民奠定了基础。最后，劳动评价注重在传统与现代的融合中激发创新潜能，无论是让幼儿尝试用不同方法整理玩具，还是在废物改造等活动中鼓励创意表达，都在培养其解决问题的灵活思维和实践能力，为未来社会发展储备具有创新精神的建设者。

可见，幼儿园劳动评价是连接个体成长、教育实践与社会文明的纽带，对于幼儿来说，通过个性化、游戏化的评价，让劳动成为快乐体验，奠基劳动素养与健全人格；对于幼儿园劳动教育来说，以评价反哺课程优化与教师成长，推动劳动教育科学化、生活化；对社会来说，从小培育尊重劳动、协作共享的价值观，为构建和谐平等的社会注入持久动力。其价值不仅在于当下的教育场景，更在于为祖国培养未来的建设者奠基。

二、幼儿园劳动教育评价要素与主客体的关系

（一）对幼儿园劳动教育评价要素的认识与理解

在讨论幼儿园劳动教育评价要素时，我们不可避免地要认识到幼儿园劳动教育评价是一个涉及多方面、全面性的过程，其目的是深入了解幼儿的劳动能力和发展状态，从而为幼儿的全面成长提供坚实的支持。就像在分析一盆鲜花为什么绽放得如此美丽时，不仅要从鲜花本身了解，还要从种植者照顾的频次、养护的方式、气候变化等多个方面的要素进行分析，才能得出花朵美丽的评价。反过来讲，要是需要一盆美丽的花朵，那么种植者在花朵生长的过程中采取的不同方式、策略都会影响结果，过程和结果之间相辅相成。

我们基于对劳动教育目标的参照细化，最终形成了对劳动教育评价中各评价要素的解读：

1. 劳动态度评价

关注幼儿对劳动的态度和价值观，如劳动积极性、坚持性等，这反映了幼儿对劳动的认同和投入程度。

2. 劳动能力评价

幼儿在劳动中的实际操作能力，如安全意识、解决问题能力等，这是评价幼儿园劳动教育成效的重要指标。

3. 劳动过程与日常表现评价

记录并评价幼儿在劳动过程中的态度、表现和实际操作情况，以及在日常生活中的劳动意识和习惯，这有助于全面了解幼儿劳动素养的养成情况。

4. 劳动成果与综合成效评价

通过劳动成果的展示、劳动汇报等方式，综合评价幼儿在劳动教育中的整体表现和成效，包括知识、能力、态度、情感和价值观等方面。

（二）存在于幼儿园劳动教育评价中的主客体关系

在幼儿园劳动教育评价中，主客体关系的明确至关重要。幼儿、教师、家长、保教管理者等都可以成为评价主体。在劳动教育的主客体关系中，幼儿是核心，他们的劳动行为、情感体验以及劳动习惯的养成是评价的重点。教师、家长、幼儿分别对幼儿在劳动过程中表现出的情感态度、认知、意志品质、能力发展等方面作出评价。在评价的过程中，听取幼儿的真实感受和想法，并将劳动故事通过叙事性案例分享给同伴或家长，鼓励幼儿倾听同伴或家长的评价，拓展幼儿的学习资源，使这些资源成为激励幼儿发展的有力支持。

1. 幼儿的评价

幼儿总是能够提供与众不同的视角，发现成人可能忽略的问题。幼儿的评价通常是在劳动后的回顾反思中进行，通过与同伴、教师之间的分享交谈，表达自己在劳动过程中的感受、收获、想法等。这有助于他们将劳动过程内化为内心的体验，成为自我肯定的动力支持。

2. 教师的评价

教师作为劳动教育的直接或间接实施者，他们对幼儿在劳动过程中的表现有着直接的观察和了解。教师的评价不仅关注幼儿的劳动能力发展情况，还包括幼儿在劳动过程中的态度、劳动精神、创新意识、交往等方面的发展情况，明确以劳动教育促进幼儿全面发展，落实立德树人根本任务。

3. 家长的评价

家长作为幼儿成长的第一任教师，他们对幼儿在家中的劳动表现和习惯有着深刻的了解。家长可以提供幼儿在家庭环境中的劳动参与情况，以及幼儿在家庭劳动中所表现出的责任感和独立性。家长在成长档案中真实地记录对幼儿劳动故事的评价，通过自己念给幼儿听或是由教师念给幼儿听的方式，使幼儿了解父母对自己的认可与激励，对巩固幼儿劳动情感与精神有至关重要的作用。家长的评价不光作用于幼儿，也对园所的劳动教育开展情况进行评价，并通过日常的家园联系沟通、问卷、座谈等方式进行。

4. 幼儿园保教管理者的评价

保教管理者通过劳动故事了解劳动教育开展的真实活动过程、资源利用、活动生成以及教师在开展劳动教育中的优势与不足、问题与困惑等，通过教科研引领的方式进行有针对性的改进与完善，对幼儿园立德树人效果进行评价。

正是由于劳动教育评价由诸多元素组成，使得这一环节对劳动教育本身有着非同寻常的促进作用。因此，幼儿园要立足于对幼儿劳动素养的培育，注重劳动教育评价的内容多维、方法多样和主体多元，深入挖掘劳动教育评价在立德树人、启智增慧、强体育美等方面的作用，培养幼儿树立正确的劳动价值观，具有良好的劳动品质。

三、对幼儿园劳动教育评价的思考

虽然幼儿园劳动教育评价在理论和实践中都取得了显著进展，但仍面临一些挑战。只有更好地剖析现阶段幼儿园劳动教育评价开展过程中存在的优势与不足，才能找到更加适宜的评价方式，在实践的过程中将幼儿园劳动教育评价的效能最大化。当前幼儿园劳动教育评价存在以下问题：

1. 幼儿园劳动教育评价方式较为单一

在幼儿园劳动教育评价具体的实施过程中，经常会出现对不同内容、不同对象的劳动教育实践活动使用同一种评价方式的问题，具有产生功利化倾向——过于追求评价结果所带来的激励而忽视了评价过程本身的教育意义。如教师一味地口头表扬或采用"小红花"等物质奖励，看似是对幼儿的肯定，实际上只能让幼儿感受一时的成就。随着时间的流逝，幼儿会逐渐失去对劳动的兴趣，换来的也只是机械地"干活"，这种倾向可能导致幼儿为了获得好评而刻意表现自己或模仿他人，为了成人的一句表扬而做得很好，从而失去了劳动教育的初衷和目的，未能真正从内心感受劳动的含义。

2. 幼儿园劳动教育评价主体有所缺失

教师作为评价主体之一，存在评价主观性强的现象；容易忽略对幼儿劳动兴趣和真正需求的关注；容易忽视幼儿的评价主体地位，未能形成多元评价主体，即家长、教师、同伴、幼儿自身均作为评价主体对劳动过程进行评价。

3. 幼儿园劳动教育评价重结果轻过程

在开展劳动教育评价的过程中，成人往往容易看重幼儿的劳动结果，并对结果进行肯定与认可，却常常忽视幼儿在参与劳动过程中的情感态度、正确劳动观念的形成、劳动能力的获得、劳动品质的养成等。这种重劳动结果而忽视劳动过程的评价往往使劳动教育的本质发生变化，不利于实现通过劳动教育促进幼儿全面发展的目标。

基于此，幼儿园在建立劳动教育评价机制的过程中试图解决以上三个问题，进而形成常态化、多元主体、叙事性评价策略。

第二节　建立幼儿园常态化劳动教育评价机制

劳动教育评价检验劳动教育开展的过程与实效。建立常态化的劳动教育评价机制，并将评价融入日常教育活动，是提升劳动教育质量的关键，也是幼儿园劳动教育中需要重点关注落实的部分。

一、理解幼儿园劳动教育评价中的"常态化"

常态化的幼儿园劳动教育评价机制旨在确保劳动教育的持续性和有效性，通过对劳动教育的全过程进行监控和评估，及时发现并解决问题，从而不断提升劳动教育的质量。常态化的幼儿园劳动教育评价，可以推动幼儿园劳动教育的深入发展，让幼儿在劳动中不断成长和进步。

"常态化"指的是某种状态或行为在较长时间内保持稳定、持续且常规化的存在，成为一种日常的、习惯性的模式，不是偶尔为之的特殊情况，而是融入日常的运行和管理体系中，具有规律性、持久性和普遍性。

在幼儿园劳动教育领域，常态化强调劳动教育不是阶段性的、临时性的活动，而是贯穿于幼儿在园生活的每一天、每一个环节，如同日常的教学、游戏、生活照料等活动一样，是幼儿园教育生态中不可或缺的一部分。它意味着劳动教育的理念、目标、内容、方法和评价等各个方面都要在日常教育教学实践中得到稳定且持续地体现和落实。

在幼儿园教育体系中，劳动教育作为培养幼儿综合素质的重要组成部分，其评价机制的常态化是指将劳动教育评价过程融入日常教学活动之中，使之成为一种持续、稳定且系统的评估方式。这种常态化的评价不仅仅是针对某一特定时间点的评估，而是贯穿于幼儿学习生活的各个方面，通过持续地观察和记录，全面反映幼儿的表现和发展。

常态化的评价机制要求教师在日常教学中，不但要关注幼儿的学习成果，更要注重对幼儿在劳动过程中态度、习惯和能力的培养。通过定期的观察、记录和反馈，教师能够及时发现幼儿在劳动教育中的成长和需要，并据此调整实施策略，以更好地促进幼儿的全面发展。

二、幼儿园常态化劳动教育评价对幼儿未来发展的促进意义

幼儿园常态化劳动教育评价对于幼儿未来发展的促进意义深远。其一，有助于幼儿树立正确的劳动观念与价值观。长期的劳动实践与评价会让幼儿深刻体会到劳动的艰辛与价值，进而形成尊重劳动、热爱劳动的优秀品质。其二，有利于培养幼儿的创新能力和实践能力。幼儿在劳动中会面对各种实际问题与挑战，通过动手实践和解决问题，创新思维与实践能力得到锻炼与提升，这些能力将伴随其一生。其三，促进幼儿社会适应能力的发展。幼儿在劳动教育活动中，通过与他人合作完成任务，团队协作能力和沟通能力得以提升，这对他们未来的社会交往和职业发展意义重大。

从长远视角出发，幼儿园常态化劳动教育评价意义非凡。它不仅能切实提升幼儿当前的劳动能力，更为其终身发展筑牢根基。持续的评价与反馈过程，能帮助幼儿逐渐形成责任意识、合作精神，提升解决问题的能力。而且，常态化评价能够为幼小衔接甚至是幼儿未来的发展提供重要支持。

三、建构幼儿园常态化劳动教育评价机制

幼儿园常态化劳动教育评价机制具有系统性，需要与幼儿园劳动教育本身建立紧密联系。该机制将劳动教育评价融入幼儿日常生活场景，实现评价内容的常态化和生活化。在实施路径上，强调多种形式综合运用，确保评价的全面性和客观性。通过重构评价标准框架，建立开放动态的评价体系、完善制度、人员资源等多方面保障措施，形成科学有效的评价运行机制。这一机制的建立不仅能够提升劳动教育评价的实效性，而且能促进幼儿劳动素养的全面发展，为幼儿园劳动教育的深入开展提供有力支撑。

（一）建构常态化劳动教育评价的目标、内容、途径

幼儿园常态化劳动教育评价机制的建构是有准备的，并非凭空捏造，也并非照抄有关幼儿园劳动教育评价的标准内容。在建构幼儿园常态化劳动教育评价机制时，要将幼儿园日常真实的生活状态与幼儿园劳动教育评价有机融合。这一机制不是独立于日常保教活动之外的附加环节，而是自然嵌入幼儿在园的一日生活之中。幼儿园的实际日常生活为建构幼儿园常态化劳动教育评价机制提供实施依据和实践基础。

1. 幼儿园劳动教育评价目标常态化

幼儿园劳动教育评价目标不仅要依据幼儿园劳动教育的总目标，而且要依据幼儿身心发展的一般规律，契合不同年龄阶段幼儿的认知、情感与动作发展水平，合理设定评价目标，确保目标具有针对性和适宜性，能引导幼儿逐步提升劳动素养。此外，要与幼儿园整体教育目标紧密相连，将劳动教育作为实现教育总目标的重要途径，使评价目标围绕幼儿全面发展展开，助力培养具备良好综合素质的幼儿。在实践中分长期目标和短期目标，长期目标指明劳动教育的发展方向，短期目标则注重多元主体参与。

2. 幼儿园劳动教育评价内容常态化

幼儿园劳动教育评价内容需与幼儿日常真实生活场景紧密相连，其具体内容不仅涵盖基本生活自理技能，还包括劳动工具使用、手工制作、种植饲养等丰富多样的劳动内容，全面培养幼儿的动手实践能力。还要重视幼儿在劳动过程中的情感体验和态度养成，如对劳动的兴趣、参与劳动的热情、尊重劳动成果、合作意识以及责任感等，促进幼儿形成积极的劳动观念。常态化的幼儿园劳动教育评价内容不仅关注个体的劳动实践，还兼顾个人与集体之间的活动过程，既包括自我管理、自我服务，又涉及班级、园所范围内的集体劳动，让幼儿理解个人与集体之间的关系，萌发集体责任感。

3. 幼儿园劳动教育评价途径常态化

幼儿园劳动教育评价途径能真实体现常态化的实际应用，应实现多途径的融合，真实反映幼儿劳动意愿在劳动中的延续。结合幼儿园劳动教育的途径来看，在时间维度上，园内一日生活劳动教育分为不同关键时段。生活活动重点培养幼儿的基本生活自理能力，如整理个人物品、清洁卫生等；在游戏活动中，幼儿在自主选择与合作中体验劳动价值，如整理玩具、手工制作等；在集体活动中，幼儿参与集体劳动任务，增强责任感与自信心。园外延伸劳动教育同样重要，家庭劳动可巩固自理能力、促进亲子互动，参与社会体验能让幼儿理解劳动的社会意义，培养社会责任感与尊重劳动的意识。

在空间维度上，劳动教育也在不断拓展。室内劳动培养幼儿的秩序感、责任感与创造力；户外劳动让幼儿体验劳动与生命成长的关系；家庭和社区劳动则让幼儿体验在社会实践中的意义与责任。此时，常态化的幼儿园劳动教育评价机制对幼儿园劳动教育的多种途径起到了良好的观察评价作用，将会为后续的幼儿园劳动教育实践提供适宜性的真实调整意见。

（二）建构常态化劳动教育评价框架、形式

1. 重组常态化幼儿园劳动教育评价标准框架

为了确保评价的科学性和有效性，需要对现有的评价标准进行重组和完善。新的评价标准框架应在梳理幼儿园劳动教育目标的维度上进行调整。结合具体的幼儿园劳动教育目标维度与评价主体之间的关系形成新的幼儿园劳动教育评价标准框架。同时，框架中的具体目标所展现出的内容，应当结合实际的评价过程与评价方法，根据评价主体的差异和多元发展需求，制定灵活的评价标准。此外，还需要定期对评价标准进行修订和完善，以确保其科学性和实效性。

在实际操作中，应当根据幼儿园的实际情况和具体需求，对评价指标进行组织和排列，增减部分条目的比重及内容，使评价框架更加贴合幼儿园自身的工作流程和使用习惯，从而提高评价工具的适用性和有效性。

2. 开放式劳动教育评价形式

首先，开放式的劳动教育评价形式不局限于固定的评价地点、时间。其次，在实际操作中还应吸纳多元主体参与，共同评价。最后，多元主体在表达评价的过程中，形式也应是多元的。例如，幼儿在表达对劳动过程的体验与想法时可使用多元化表征方式；家长可以利用文字记录和电话沟通等方式与教师进行交流反馈；教师与幼儿、教师之间、教研活动中的讨论分享与碰撞均可视为对劳动教育过程的评价。

四、健全幼儿园常态化劳动教育评价机制的保障措施

（1）制度保障：制定完善的评价制度和流程，确保评价工作的规范性和持续性。教师可以更好地落实评价工作，确保评价的客观性、及时性、全面性。

（2）人员保障：班级配备充足的教师，保证教师有充足的时间与幼儿进行互动，了解幼儿在劳动过程中的情感体验、真实想法，并适宜调整劳动教育开展策略。

（3）资源保障：提供必要的物质和人力资源支持，确保评价工作顺利进行。

（4）技术保障：利用现代信息技术手段，提高评价工作的效率和准确性。通过引入先进的技术手段，教师可以更高效地进行评价工作，确保评价结果的准确性和可靠性。

五、幼儿园常态化劳动教育评价机制的落实

落实幼儿园常态化劳动教育评价机制是提升劳动教育质量的关键。在实施过程中，评价机制需结合时间维度和空间维度，通过园内一日生活和园外延伸活动，多途径融合，确保评价的全面性和客观性。

（一）评价融入一日生活与游戏

幼儿园劳动教育应自然融入幼儿日常，无须刻意创设场景。幼儿在穿衣、搬桌子、搭建凉棚等生活情境或游戏中，自然展现劳动能力。评价则嵌入穿衣、进餐、整理等日常环节，让幼儿在真实情境中被观察与评价。

（二）微劳动生态系统：三阶发展模型

在劳动教育实践的评价过程中，创新性地建立基于生活场景的"微劳动生态系统"，实施递进式的三阶指导策略。

（1）自主探索阶段：倡导"试错即成长"理念，创设安全的探索环境，鼓励幼儿通过实践积累直接经验，教师与家长以支持者的角色提供适度引导。

（2）互动提升阶段：践行"分享中赋能"原则，构建同伴互助平台，通过经验交流促进劳动技能的迁移与内化，培育积极的劳动文化氛围。

（3）反思内化阶段：实施"体验见智慧"策略，引导幼儿系统回顾劳动过程，通过深度反思将感性体验升华为劳动认知，从而强化劳动价值认同，建立持续发展的劳动素养。

（三）多元评价载体

1. 成长档案

成长档案作为评价幼儿发展的重要载体，强调家长作为评价主体的深度参与。在多元评价体系中，家长通过系统化的反馈机制提供幼儿在家庭环境中的行为表现、能力发展及兴趣变化等信息。教师则基于专业视角，整合家园两方的观察数据，形成全面、客观的发展性评价。这种互动模式不仅拓展了评价的维度，更建立了家园协同的教育共同体，使评价从单一园所视角转向家庭与幼儿园的二维印证，提升评价的准确性与教育指导的有效性。

2. 日常分享环节

日常分享环节构建了同伴互评与师幼共评的立体化评价模式。在教师的引导下，幼儿通过观察与讨论，对同伴的游戏行为、问题解决方式及合作表现进行评价，培养其批判性思维与社会性发展。同时，教师基于专业观察，以发展性评价语言对幼儿的表现进行针对性反馈，既肯定积极行为，又提出建设性改进方向。这种多元主体参与的评价过程，不仅增强了幼儿的自我认知能力，而且促进了评价的教育性与互动性，使游戏成为评价的重要情境。

3. 教研活动

教师教研活动聚焦于劳动教育等具体领域的评价体系优化，体现管理者与教师作为不同评价主体的协作关系。管理者从宏观教育目标出发，指导评价框架的调整方向；教师则基于实践反馈，提出评价指标、工具及实施策略的改进建议。通过动态研讨与修订，双方共同完善评价标准，确保其既符合园所发展要求，又贴近幼儿的真实成长需求。这一过程彰显了多元主体在评价改进中的专业对话与协同创新，推动幼儿教育评价向科学化与专业化发展。

第三节 幼儿园劳动教育评价工具应用及案例分析

基于幼儿园常态化劳动教育评价机制的建立，劳动教育评价采用"用过程回应过程"，渗透"幼儿自评"的评价方式。幼儿自我评价、教师评价、家长评价贯穿于整个过程中，同时让幼儿对自己的劳动过程进行分享、评价，不断形成内在的精神激励。

案例一：被子大作战

（一）案例内容

案例内容详见第五章第三节案例一。

（二）案例分析

教育要素				教师支持
劳动观念、劳动精神	劳动习惯和品质	劳动能力	德智体美全面发展目标	
1. 幼儿能够主动提出想尝试自己解决问题，表现出对劳动的兴趣和自主性。 2. 幼儿在发现叠不整齐的原因后不断尝试新方法，体现出精益求精的精神。	1. 幼儿对生活中叠被子的事情表现出强烈的好奇心，并主动提出想要尝试。 2. 幼儿通过自己动手整理被褥，养成良好的生活规律，形成起床后整理自己的被褥、衣物的良好生活习惯。	1. 幼儿从教师叠被子到主动尝试自己叠被子，逐渐掌握叠被子的基本劳动技能，提升了生活自理能力。 2. 通过自己动手尝试叠被子的多种方法，学会对折、翻边等具体动作，提升手眼协调能力以及精细动作。	1. 幼儿通过叠被子逐渐增强了责任感和自律能力。他们意识到叠被子是自己的任务，并愿意主动承担和完成。 2. 幼儿通过尝试不同的方法和与伙伴合作，最终解决了问题，培养了分析问题和解决问题的能力。	1. 对于幼儿想要尝试叠被子的愿望给予肯定，并为幼儿提供自主尝试探索和实践的空间，同时鼓励幼儿大胆尝试。 2. 发现幼儿感兴趣的话题，营造同伴交流的空间和氛围，给予充足的时间让幼儿表达。

（续）

教育要素				教师支持
劳动观念、劳动精神	劳动习惯和品质	劳动能力	德智体美全面发展目标	
3. 尽管叠被子对于幼儿来说并不容易，但是他们没有放弃，而是不断尝试和改进，体现出乐观的劳动精神。 4. 用儿歌的形式总结叠被子的方法，感受到劳动带来的自豪感。		3. 幼儿在分享各自叠被子的经验时，提升了沟通能力以及团队意识。	3. 不断尝试新方法，探索如何更快更好地完成任务，体现了幼儿的创新思维。 4. 在叠被子的过程中提升身体协调性。 5. 幼儿努力将被子叠得整齐，这培养了他们对整洁和有序的审美意识。通过自己的努力创造出整洁美观的床铺环境，这体现了他们对美的追求和创造能力。	3. 认可幼儿在叠被子过程中创编的儿歌并进行推广。 4. 通过倾听与表征，了解每一个幼儿在叠被子过程中的感受、收获和经验，并给予不同的关注。

（三）对上述劳动场景的思考

在这个案例中，评价的主体是多元的，每个主体从不同的视角出发，对叠被子这一劳动过程和结果进行评价。

幼儿是劳动的直接参与者和体验者，他们对自己的劳动过程、感受和成果有最直接的认知。从主动提出叠被子的想法到通过尝试不同的叠法再到成功，幼儿发现了叠被子的乐趣，他们会用语言表达在叠被子过程中感受到的乐趣和兴趣。如"叠被子其实挺有趣的，我喜欢试试不同的方法""每天叠被子都像在玩一个游戏，我很喜欢"。还有部分幼儿成功叠好被子后脸上露出了笑容，说"我学会叠被子了，我觉得自己很棒！""叠好被子后，我觉得很开心，因为我做到了。"这表明他们对自己的劳动成果感到满意，认为自己通过努力完成了叠被子的任务，从而获得成就感和自信心。也有个别幼儿表达"我叠得不好，但我会继续努力，总有一天会叠好的。"这不仅体现了其坚持不懈的精神，还体现出幼儿会评价自己在叠被子过程中的坚持与努力。幼儿通过行为、语言进行自我评价，这些评价不仅反映了他们在叠被子这一过程中的成长与进步，也体现了他们对劳动过程的理解和感悟，进而提升了劳动情感和劳动能力。

家长是劳动教育的支持者和延伸者，他们在家庭中观察孩子的劳动表现，并提供反馈，如"孩子回家后还主动帮我们叠被子，越来越有责任感了。"家长除了关注到幼儿逐渐掌握了基本的生活技能，学会了如何整理床铺外，还关注到幼儿在劳动中获得的成就感和自信心，以及他们对劳动的积极态度。这种情感成长对孩子的心理健康和性格塑造非常重要。家长的关注也是对幼儿园劳动教育的肯定，认为教师能够利用与生活相关的小事情创造机会，帮助孩子实现全面发展。

作为幼儿园管理者，从教师梳理的劳动目标检测中能够看到幼儿在活动中形成了积极的劳动观念，养成自己动手的良好生活习惯；从家长评价当中看到幼儿将劳动技能迁移到家庭中后，这种"家园共育"的反馈印证了劳动教育的实效性；从幼儿评价中感受到幼儿自我实现的快乐体验，以及"为生活需要而劳动"的满足感。在此劳动教育案例中，我们能看到教师提供支持但不包办，家长从担忧到打破过度保护的惯性，幼儿从被动到主动，三方在劳动场景中形成"问题—解决—反思—改进"的良性循环，真正体现了教师、家长、幼儿三方的互动，共同推进育人的过程，打破了传统劳动教育中"教师主导、家长包办"的局限，形成了多方参与的动态劳动微生态系统。

劳动不仅是技能学习，更是生命尊严、合作精神、家园共育的载体。这一生态的核心在于尊重幼儿的主动性，让劳动回归生活本质，成为滋养完整生命的真实教育。

案例二：解决水源小分队

（一）案例内容

案例内容详见第七章第三节案例二。

（二）案例分析

教育要素				教师支持
劳动观念、劳动精神	劳动习惯和品质	劳动能力	德智体美全面发展目标	
1. 通过运水，幼儿认识到劳动是创造价值、实现成长的过程，从而树立正确的劳动价值观。 2. 幼儿在运水过程中遇到问题能够主动解决，提出多种解决方案，体现其勇于创新的探索精神。 3. 幼儿在相互配合中完成接水、运水，有着团结协作的集体精神。 4. 幼儿能够动手实践自己提出的运水方案，而不是空谈设想，这体现了脚踏实地的务实精神。	1. 幼儿借用水桶等工具并及时归还，展现了爱护劳动工具、善始善终的良好劳动习惯。 2. 幼儿能够持续照料蔬菜苗，观察其生长情况，隐含着"劳动需要长期投入"的习惯养成。 3. 幼儿能够全程投入运水当中，失败后尝试新方法，展现了不轻言放弃的精神与毅力。	1. 幼儿学会灵活使用多种工具，尝试组合使用不同工具，在实践中掌握工具的基本操作方法。 2. 幼儿能够发现并利用现有资源，如班级水管、保洁阿姨的水桶、玩具车，学会在环境中寻找可用资源。 3. 幼儿能够认真观察每一块土地，浇水时确保每一块土地都浇到，培养了细致观察的能力。	1. 幼儿能够共同解决问题，明确运水的分工，体现"个人为集体服务"的意识。 2. 通过成功给蔬菜苗浇上水的成就感和自豪感，理解劳动的意义，形成"劳动创造幸福"的朴素价值观。 3. 幼儿能够创造性地整合工具，将抽象想法转化为具体操作，体现了"知行合一"的实践智慧。 4. 搬运水桶、骑车运水、浇水等动作锻炼了幼儿的手臂力量、平衡能力，提升了耐力与体力。	1. 当熙熙提出"用管子浇水"时，教师及时肯定幼儿的想法，向幼儿传递了"允许试错"的信号，保护了幼儿的探索热情，为幼儿营造安全、鼓励的探索环境，始终保持对孩子的信心。 2. 任务完成后，教师说了一句"你们真棒！这就是团结的力量"，将具体行为（合作）与抽象价值观（团结）相联结，帮助孩子内化劳动的意义。 3. 教师的提问能够推动幼儿进一步思考资源的获取途径，而非直接告知答案。当幼儿意识到水桶太重时，教师未提示"用小车"，而是等待南南自主提出方案，保护了孩子的独立思考空间。

（续）

教育要素				教师支持
劳动观念、劳动精神	劳动习惯和品质	劳动能力	德智体美全面发展目标	
		5.幼儿使用完工具后能够逐一送回原位，在整理中感受秩序美。		4.教师支持孩子跨班级沟通（向小班老师借水龙头），帮助他们突破社交边界，在劳动实践中培养良好的社会规则（如礼貌沟通、归还材料）。 5.教师未将劳动局限于"浇水"任务本身，而是将其作为幼儿全面发展的载体，体现了"全人教育"的视野。

（三）对上述劳动场景的思考

在这个案例中，幼儿、家长、幼儿园管理者作为评价主体分别从不同视角进行了评价。

幼儿在尝试解决运水的问题后，表达了"我们想了好多办法，一开始用管子不行，后来用小车和水桶就成功了！""熙熙好聪明，想到用管子接水龙头！"从中会重点强调自己或同伴提出的创新"点子"（如接管子、借水桶、骑小车运水），并对最终解决问题感到骄傲，认为这是集体智慧的胜利。这些说明幼儿不仅对自己能够解决问题有着自豪感，还能在同伴间给予正面肯定，从相互评价中获得自我认可的积极体验。在回顾中，幼儿能够清晰地回忆分工细节，意识到合作的重要性，他们通过具体分工（谁骑车、谁扶桶）来评价"团队缺一不可"，甚至会用对比（"一个人不行"）来突出集体的力量；"看！菜苗喝饱水都长高了，是我们浇的！""老师夸我们真棒！"幼儿会将劳动成果（蔬菜苗生长）与自己的行为直接关联，产生"我做到了"的满足感。同时，教师的表扬会被幼儿内化为自我肯定（"我们真棒"），强化其对劳动价值的认同；从

"大家一起浇水真开心，比一个人好玩！""下次我还想和大家合作，我们能做得更快！"话语中，幼儿会从情感角度总结劳动体验（"开心""好玩"），并产生持续参与劳动的意愿。这种评价反映了他们对劳动中社交互动和成就感的双重需求。

家长亦能够从幼儿居家日常当中捕捉到这些，如熙熙妈妈注意到幼儿在家的时候也会观察阳台上种的植物，还会提出不如做个浇花器来解决爷爷总忘了浇水的问题，这体现了儿童思维的灵活性和创新性。家长还意识到，比起说教式的劳动教育，这种基于真实需求的劳动（蔬菜苗需要浇水）更能激发孩子的主动性，让孩子在实践中理解劳动的意义。家长也会由此反思家庭劳动教育的方式，尝试给予孩子更多自主解决问题的空间。

在教师的支持下，管理者能够见证幼儿在自主探索"如何为蔬菜苗浇水"问题时的创新尝试，赞赏他们勇于探索的劳动精神。从家长的评价中，我们不仅看到劳动给幼儿带来的自我效能感，而且感受到家长通过观察孩子在家的创造性劳动，反思到劳动教育不仅是技能的传授，更是挫折教育和生命教育的重要契机。在幼儿的自我评价中，我们看到他们在劳动中体验到自身力量的价值，以及同伴间的相互评价促进幼儿产生积极的自我认知。这三方的评价相互促进，共同构建了一个"微劳动生态系统"模型，涵盖了自我照护、环境共建、社会服务和创造性活动等场景。在这些场景中，幼儿通过自主探索中的"试错即成长"，互助中的"分享中赋能"，以及回顾倾听中的"体验见智慧"，体验到"三阶指导策略"在生活劳动中的持续实践。教师在放手的同时，更要重视安全，树立"可承受风险意识"，如提前规划水桶的最大容量、规划运输路线等，与幼儿共同对重物搬运、工具使用等环节制订更详细的安全操作指南，让幼儿在适度挑战中成长。

幼儿劳动教育，不需要刻意创设场景，它就在幼儿的生活当中，在幼儿童言童语的表达中。将劳动评价转化为一段"冒险故事"——从遇到问题、尝试解决到欢呼胜利，最终形成对劳动最朴素的理解。

案例三：清凉扇

（一）案例内容

案例内容详见第八章第二节案例二。

（二）案例分析

教育要素				教师支持
劳动观念、劳动精神	劳动习惯和品质	劳动能力	德智体美全面发展目标	
1. 幼儿在户外活动感到炎热时，主动提出制作"清凉扇"的想法，希望通过手工劳动解决问题。 2. 幼儿在制作扇子时，面对困难不退缩，积极寻找解决办法，展现了不怕困难、勇于尝试的劳动精神。 3. 幼儿在制作扇子时尝试使用不同的材料和工具（硬卡纸、裁纸刀），体现了他们在劳动中的创新精神。 4. 在发现扇子太重、风力不足后，幼儿计划改进，展现了不断优化和精益求精的劳动态度。	1. 幼儿在制作扇子时，仔细测量、画圆、裁剪，展现了他们在劳动中的认真和细致。 2. 幼儿在制作扇子时遇到了材料不合适、工具不顺手等问题，但他们没有放弃，而是通过尝试和调整最终完成了任务，展现了坚持不懈的劳动品质。 3. 幼儿提议使用裁纸刀时，主动拿来手套，并提醒同伴注意安全，体现了他们在劳动中的安全意识和责任感。	1. 幼儿能够熟练使用剪刀、裁纸刀等工具，并在使用过程中调整方法（如调整刀片位置、转动纸板），展现了他们的工具使用能力和动手能力。 2. 幼儿能够根据需求选择合适的材料（如硬卡纸），并在发现材料不合适时及时调整（如改用裁纸刀），体现了他们对材料的认知和运用能力。	1. 幼儿在制作扇子时，使用剪刀、裁纸刀等工具，锻炼了手部精细动作。 2. 幼儿在使用裁纸刀时，主动戴上工具手套，并互相提醒注意安全，体现了安全意识和自我保护能力的提升。 3. 幼儿在活动中能够认真倾听同伴的建议（如使用裁纸刀、调整裁剪方法），并通过语言表达自己的想法和感受（如"我想做一把圆形扇子"）。	1. 教师为幼儿提供了多种制作扇子的材料（如彩纸、硬卡纸、剪刀、裁纸刀等），为幼儿的探索和创造提供了物质基础。 2. 教师提供了工具手套，创设安全的操作环境，确保幼儿在使用裁纸刀时的安全，体现了对幼儿安全操作的重视。 3. 倾听幼儿的分享与表达。在幼儿制作完扇子后，教师认真倾听幼儿的分享（如制作过程、遇到的问题和解决方法），体现了对幼儿表达的尊重和支持。

（续）

教育要素				教师支持
劳动观念、劳动精神	劳动习惯和品质	劳动能力	德智体美全面发展目标	
	4. 幼儿在制作完扇子后，通过试用发现不足，并计划进一步改进，展现了他们在劳动中善于反思和追求进步的品质。	3. 面对扇子制作过程中的各种问题（如纸太厚、剪刀剪不动），幼儿能够通过尝试不同的方法（如使用裁纸刀、调整裁剪方式）解决问题，展现了他们的实践能力和问题解决能力。 4. 幼儿在制作扇子时，能够互相配合、顺畅沟通（如一名幼儿扶纸，另一名幼儿裁剪），展现了他们在劳动中的协作能力。	4. 幼儿在制作扇子时，能够通过语言沟通协调分工（如"你扶纸，我来裁剪"），展现了良好的交流与合作能力。 5. 幼儿在遇到困难时（如剪刀剪不动硬卡纸），能够通过讨论和尝试找到解决办法（如使用裁纸刀），展现了解决问题的能力。 6. 幼儿设计了圆形的扇面，并通过装饰使扇子更加美观，展现了艺术表现力和创造力。	4. 鼓励幼儿表达感受，认可幼儿的努力与成果。教师对幼儿制作的扇子表示肯定（如"这把扇子太棒了"），并赞扬幼儿在制作过程中使用的好办法，增强了幼儿的自信心和成就感。 5. 支持幼儿的合作与互助。教师注意到幼儿在制作过程中的合作行为，并通过提问和肯定，强化了幼儿的合作意识。 6. 为幼儿提供进一步探索的机会。教师通过观察和倾听，了解幼儿的需求和兴趣，为后续可能的活动（如改进扇子、尝试其他手工制作）提供了支持的基础。

（三）对上述劳动场景的思考

通过制作"清凉扇"的活动，幼儿作为参与者展现出丰富的劳动行为和情感体验，同时也体现了劳动教育评价的重要作用。在"户外游戏时，孩子们出了很多的汗"这一生活场景下，幼儿主动选择材料、使用工具并尝试解决问题。在合作中能与同伴互相帮助、分工明确，体现了团队协作的精神。在遇到困难时，幼儿虽然表现出短暂的沮丧，但很快通过合作和尝试重新振作，展现了积极的情感态度。此时幼儿已经迎来了最重要的一个阶段，也是幼儿发自内心"体验见智慧"的声音。他们的行为、语言和情绪为劳动教育评价提供了多维度的观察点。通过多主体（幼儿的自我肯定、同伴间的彼此认同、教师的支持）的共同参与，发挥着评价所带来的积极意义，也让评价主体不再单一，并且能在评价过程中就有所收获和成长。

劳动教育中的手工制作劳动与家庭劳动教育的结合是较为常见的，其中所产生的劳动教育评价更具有重要意义。幼儿在活动中展现出的动手能力、合作意识和解决问题的能力，可以通过家庭劳动后的评价进一步强化。有的家长提到："家中的椅子总是晃，孩子试了橡皮泥、纸、瓶盖等很多东西，最后利用家里断掉的梳子进行固定解决了问题。我们都夸他真是太厉害了，之后有些小的需要修一修的东西，他都要动手试一试。"家庭的支持也是幼儿成长重要的一环。部分家长从幼儿园了解到这个案例之后，尝试在家中进行过程性的评价与支持，不仅收获了"下次我还想和爸爸一起做灯笼装饰家里""我要给家里的每个人都做一大束花"等来自幼儿的惊喜，而且看到了幼儿在其中的改变。这种家园共育的模式，不仅能够将幼儿园的劳动教育与家庭的劳动实践相结合，形成教育的连贯性和一致性，而且能促进幼儿劳动技能和品质的全面发展。劳动教育评价并非需要特殊的方式来实施，而是需要珍视每一次评价背后所能给予的肯定与鼓励、收获与成长。

从保教管理者的角度来看，教师的支持方式合理且有效，评价的方式与参与的时机把握合理。教师主要通过观察、倾听和提问的方式支持幼儿，既尊重了幼儿的自主性，又提供了必要的引导。例如，教师为幼儿提供了丰富的材料和安全的操作环境，体现了对幼儿活动需求的关注；同时，教师通过提问引导幼儿反思自己的操作过程，帮助幼儿梳理经验，提升了他们的反思能力。在此过程中出现的劳动教育评价更具有重要价值，它不仅可以帮助教师更好地了解幼儿的发展水平，从而调整教育策略，提供更有针对性的支持，还能激发幼儿在劳动中的兴趣和潜力，为后续行动提供持续的动力。结合家园共育的视角，劳动教育的意义得到了进一步升华。劳动教育不但是技能的培养，更是品格的塑造。家长在家庭中为幼儿提供更多的劳动实践机会，不仅能够强化幼儿在幼儿园中学到的技能，而且能帮助幼儿将劳动习惯和态度内化为自身的品格，让劳动教育评价更具价值和意义。

案例四：擦小椅子

（一）案例内容

案例内容详见第五章第二节案例一。

（二）案例分析

教育要素				教师支持
劳动观念、劳动精神	劳动习惯和品质	劳动能力	德智体美全面发展目标	
1. 幼儿在发现小椅子脏了之后愿意主动参与到清洁小椅子的行动中，并始终保持着对劳动的投入，有着充分的劳动热情。 2. 幼儿在清理胶痕的时候，即便很难擦除依旧坚持，有着坚持不懈的精神。 3. 幼儿在进行清理的过程中能够向身边的人分享劳动方法，有着对于自身劳动成果的自豪感和满足感。 4. 后续幼儿提出"爱椅行动"来保护小椅子，具有对劳动成果的珍惜和保护精神。	1. 幼儿能够细心观察环境，发现椅子上的"黑道道"。 2. 遇到顽固的胶印时，积极尝试用抹布反复擦拭，坚持自己的事情自己做的好习惯。 3. 面对困难不轻易放弃，而是不断尝试，直到问题解决，具有吃苦耐劳的好品质。 4. 主动提出"爱椅行动"，并号召大家一起维护椅子清洁，展现了责任感和集体意识。	1. 幼儿能在使用抹布进行擦拭的过程中不断尝试调整方法，从而更好地使用劳动工具。最后更是将经验进行梳理分享。 2. 幼儿能够耐心细致地完成擦拭，去除胶痕，不急躁。	1. 社会性与情感发展。幼儿在解决问题时主动帮助同伴，并分享自己的经验和方法，体现了合作精神和分享意识。 2. 语言与沟通能力得到提升。幼儿能够清晰地描述自己发现和解决问题的过程。在解决问题后，幼儿能够总结出有效的方法并分享给他人。 3. 幼儿对"黑道道"的来源和清理方法充满好奇，并通过实践不断尝试，展现了科学探究的精神。 4. 身体动作协调发展。在擦拭"黑道道"和清洗抹布的过程中，幼儿需要控制手部小肌肉，展现了精细动作的发展。	1. 教师注意到幼儿的行为和语言（如婷婷擦椅子并向老师介绍），并认真倾听幼儿的发现和想法，体现了对幼儿活动的关注和尊重。 2. 当婷婷向老师讲到自己擦掉了椅子上的"黑道道"时，老师给予了肯定和支持。这种鼓励增强了幼儿的自信心和成就感。 3. 当婷婷提出"爱椅行动"并希望告诉其他小朋友爱护小椅子时，老师支持了她的想法，并提供了分享的机会。这种支持体现了对幼儿主动性和创造性的尊重。 4. 老师为婷婷提供了在集体中分享经验的机会，让她能够向其他小朋友讲述自己的经历和方法。这促进了幼儿之间的交流和学习。

（三）对上述劳动场景的思考

案例中的评价既有婷婷自身的评价，也有同伴之间的评价。这一点很好地反映出评价过程中参与评价的主体是多元的。从幼儿角度出现的评价，其形式与内容是丰富的。从婷婷的行动、语言、情绪多方面发生的评价中能够看到婷婷的成长与收获。婷婷发现椅子上的"黑道道"后，没有依赖成人，而是主动尝试用纸巾、抹布擦拭，并通过不断调整方法（如用食指顶着抹布用力擦）最终解决问题。子墨在婷婷的帮助下，也学会了清理椅子，在劳动过程中展现了清晰的逻辑思维和语言表达能力。婷婷能够准确地描述"黑道道"的特征（如"黏黏的胶"），并总结出有效的清理方法。她还主动向老师和同伴分享自己的经验，体现了劳动中的反思与总结能力。这些从幼儿第一视角收获的经验与成长是必然的。教师在确保婷婷处于安全的场景之下，尽可能地放手让婷婷去尝试自己的劳动想法和意愿，幼儿在其中有更多的尝试自然就会产生更多的回顾与评价。婷婷的尝试还对身边更多的幼儿产生积极影响，促使更多的幼儿参与到对事情、现象、行为的思考与评价之中。

构建"共同劳动、共享成长"的家园共同体，家长与教师之间的沟通更加紧密，家园关系更加和谐。这种良好的关系有助于为幼儿创造一个稳定、支持的成长环境。在婷婷家长的反馈中，家长不仅表达了对幼儿园劳动教育的认可，而且反思了家庭如何与幼儿园协作，共同开展劳动教育。这种对于家园共育的思考具有重要意义。（附：家长的一封信）

亲爱的老师：

您好！

通过孩子在幼儿园参与的"清理椅子"活动，我深刻感受到劳动教育对孩子成长的重要性。在家中，我也注意到孩子最近对劳动表现出了更大的兴趣。孩子会主动帮忙擦桌子、整理玩具，甚至尝试自己洗一些小物件。这些行为让我感到欣慰，也让我意识到幼儿园的劳动教育对孩子的积极影响。

在活动中，孩子不仅学会了如何清理椅子，而且通过与同伴的合作和分享，增强了责任感和集体意识。这让我反思到，在家庭生活中，我们也应该为孩子提供更多类似的劳动机会，比如让孩子参与家务劳动，或者一起整理家庭环境。很多时候，我们会急于把事情完成从而忽略很多的细节，让一些教育机会白白溜走。通过这些活动，孩子不仅能锻炼动手能力，而且能学会如何解决问题、如何与他人合作。

此外，孩子在活动中表现出的坚持和耐心也让我深受启发。作为家长，我意识到应该更多地鼓励孩子独立尝试，而不是急于替他们解决问题。只有在实践中，孩子才能真正成长。

感谢幼儿园为孩子提供了如此有意义的活动，也希望未来能有更多类似的劳动教育机会，帮助孩子在劳动中学会责任、合作和坚持。

婷婷妈妈

家长的反馈体现了对幼儿园劳动教育的认可。家长在反馈中明确提到，孩子在幼儿园的劳动活动中学会了清理椅子，并将这种能力迁移到家庭中（如擦桌子、整理玩具）。这表明幼儿园的劳动教育目标与家长的期望是一致的，即通过劳动培养孩子的动手能力、责任感和独立性。家长注意到孩子在劳动中表现出的坚持和耐心，并意识到这种情感体验对孩子的成长至关重要。这与幼儿园劳动教育中注重培养幼儿积极情感的目标不谋而合。家长提到，孩子在家庭中也开始主动参与劳动，如帮忙擦桌子、整理玩具等。这说明幼儿园劳动教育在家庭中得到了延续和扩展，形成家园共育的良性循环。

从保教管理者的角度反思，幼儿通过劳动活动展现了多方面的能力，包括动手能力、问题解决能力、合作能力和责任感。这些能力的发展离不开教师的支持，也离不开幼儿的自主探索。在自然的生活场景中，充分尊重幼儿的自主性，教师才能在活动中扮演观察者、支持者和引导者的角色。通过幼儿的评价和教师的支持，能够感受到现阶段教师与幼儿在劳动教育实践过程中所产生的交互是良好适宜的，那么作为参与评价的主体在其中一定有经验与认识的成长。保教管理者在思考劳动教育评价时，不能只是对案例和实践过程中的参与主体的评价进行反思。在幼儿园常态化劳动教育评价中，阶段性的评价与结果之间相互转化，其中包含家园协同育人，幼儿园生活场景的进一步延伸。多个评价主体参与的评价进一步帮助保教管理者思考劳动教育实践过程中的优势与劣势，让劳动教育回归生活本身。

案例五：给小鱼换水

（一）案例内容

案例内容详见第七章第一节案例一。

（二）案例分析

教育要素				教师支持
劳动观念、劳动精神	劳动习惯和品质	劳动能力	德智体美全面发展目标	
1. 幼儿发现鱼缸脏了主动提出换水，体现了主动性和责任感。 2. 幼儿在搬鱼缸换水的过程中相互配合，展现了团队合作的劳动精神。 3. 幼儿在换水过程中始终关心小鱼的安全，体现了对生命的尊重和爱护，展现了劳动中的责任感和爱心。	1. 幼儿在捞小鱼时通过缓慢而细致的操作成功完成任务，展现了耐心和细心的劳动品质。 2. 幼儿一开始捞小鱼失败，但没有放弃，而是和同伴一起尝试，体现了坚持不懈的劳动品质。 3. 幼儿用手仔细清洗鱼缸内壁，确保每个角落都干净，展现了认真负责的劳动态度。 4. 劳动完成后，幼儿主动向同伴和老师分享成果，体现了对劳动成果的珍惜。	1. 幼儿搬鱼缸、捞小鱼、清洗鱼缸、为小鱼换晒过的水，展现了较强的动手操作能力和饲养照顾小鱼的能力。 2. 在捞小鱼遇到困难时，幼儿尝试用不同的方法解决问题，展现了灵活解决问题的能力。 3. 幼儿找到小网捞并尝试调整方法，体现了合理使用劳动工具的能力。	1. 幼儿在搬鱼缸捞小鱼和换水的过程中相互配合，展现了合作精神。 2. 幼儿在劳动中始终关心小鱼的安全，体现了对生命的尊重和爱护。 3. 幼儿在捞小鱼遇到困难时，能尝试不同的方法解决问题，锻炼了逻辑思维和问题解决能力。 4. 幼儿用手仔细清洗鱼缸内壁、用小网捞小鱼，锻炼了手部精细动作。 5. 通过清洗鱼缸，幼儿让小鱼的家变得干净整洁，培养了美化环境的意识。	1. 提供工具支持。教师在东东和元元需要换水时及时提供水盆和晒好的水，为他们顺利完成劳动任务创造了条件。 2. 鼓励与肯定。教师在东东和元元完成任务后，对他们的努力表示肯定，感谢他们给了小鱼一个干净的家，这增强了他们的成就感和自信心。 3. 引导与启发。教师通过提醒和指导帮助幼儿理解照顾小生命的正确方法。例如，使用晒过的自来水。

（三）对上述劳动场景的思考

幼儿是劳动教育的参与者和体验者，他们的感受可以直接反映出劳动教育的效果。幼儿给小鱼换水的过程中就渗透着幼儿的自我评价。东东和元元在劳动实践的过程中不断通过交流调整自身的行动，像"小心点别吓着小鱼""小鱼快出来了""快把鱼缸放下吧！"都是对彼此行动的口头评价，幼儿之间的交流透露着他们最真实的评价想法。幼儿的评价并不只是结果或作为最终回顾时候的反馈。幼儿在劳动的过程中常会存在评价，并且会直接影响其在劳动教育过程中的行为。在案例的最后，幼儿主动和老师分享"小鱼有干净的家了"，这是他们对自己劳动成果的认可。劳动教育过程中的评价既是维持兴趣水平最好的助力，又是幼儿彼此交流中最重要的前进方向。

在给小鱼换水的劳动生活场景下，家长更容易将家庭生活中的场景和幼儿园所发生的劳动场景之间进行联系。元元妈妈看到班级美篇后和老师反馈道："看到孩子对小鱼说别怕的时候，我觉得孩子的世界是那么纯真，孩子是那么善良，没想到一个自己都需要大人帮助的小宝宝也能照顾小鱼了，看来以后可以多放手让他尝试更多的事情。最近他在家里也说要养鱼，我们正犹豫要不要买几条鱼。既然孩子喜欢，我们也愿意支持孩子的兴趣。"东东妈妈则在成长档案中写道："小东东，看到你捞小鱼的视频，感觉你好勇敢啊，之前你说想养小鱼，妈妈还觉得鱼缸是玻璃的，会有危险。但是危险总是有解决方法的，我们不能就这么剥夺了你想养小鱼、照顾小鱼的权利，妈妈今后会更多支持你的想法的！"可以看出，幼儿园劳动教育开始让家长重新看待幼儿，重塑家庭的劳动教育观念。家长也能正视幼儿在劳动过程中的行为表现所具有的意义和价值，并做出积极评价。

保教管理者在这一场景中看到教师提供晒好的水、小网捞等工具，允许幼儿自主探索（尝试搬运、倒水、捞鱼），体现了对幼儿主体地位的尊重和对劳动教育内涵的深刻理解。在分享环节，教师用语言给予幼儿积极的评价，将幼儿的劳动成果与被照料的小鱼建立情感联结，老师的语言"给小鱼一个干净的家""小鱼一定会感受到这份爱"深化了幼儿对劳动意义的理解。从家长的反馈中可以看出，幼儿园的劳动教育活动打破了家庭不敢放手的惯性教育方式，有助于家园形成合力，让幼儿在劳动中获得的生活经验和情感体验得到进一步延伸和强化。劳动教育评价不仅是衡量教育效果的工具，更是推动幼儿园整体教育质量提升的重要杠杆。通过科学的评价和持续的改进，管理者能够为幼儿创造一个更具支持性、启发性的成长环境，为他们的终身发展奠定坚实的基础。

案例六：彩泥生肖

（一）案例内容

案例内容详见第八章第一节案例二。

（二）案例分析

教育要素				教师支持
劳动观念、劳动精神	劳动习惯和品质	劳动能力	德智体美全面发展目标	
1.幼儿通过制作彩泥生肖，感受到手工劳动的价值，萌发出对手工劳动的热爱。2.幼儿面对作品无法站立的困难，通过增加彩泥、调整结构等方式不断尝试、探索。3.幼儿在制作能够站立的小动物时主动向他人请教、接受建议，不仅体现出求知欲与探索欲，而且充满了对于手工劳动制作的精进精神。4.在制作完成后，幼儿将方法展示给身边的人，和大家一起分享劳动成果，展现了合作精神。	1.幼儿能够从彩泥袋中取出适量材料，揉搓成球并调整大小，展现了良好的材料取用习惯。2.幼儿发现小球的大小不一样时，耐心地反复调整，体现了细致和专注的劳动习惯。	1.幼儿熟练地揉搓、塑形和拼接彩泥，展现了较强的动手能力。2.幼儿将彩泥与纸杯结合，制作出更稳固的作品，体现了对材料特性的理解。3.幼儿发现彩泥作品无法站立时，分析原因并尝试通过增加彩泥、调整结构等方式解决。4.幼儿在实践中不断调整作品的结构，展现了灵活应对问题的能力。5.幼儿在模仿他人作品的基础上，细致观察，尝试用纸杯作为支撑，创造性地解决自己遇到的问题。	1.幼儿在制作过程中互相帮助、分享技巧，展现了合作与分享的意识，体现了社会交往能力的发展。2.幼儿通过分析问题、尝试多种方法（如增加彩泥、调整结构、使用纸杯）解决问题，体现了科学探究和逻辑思维能力。3.幼儿在制作过程中用语言表达自己的想法和疑问，比如"为什么我的作品站不起来？"并主动与他人交流，展现了语言表达能力的发展。4.幼儿在揉搓、塑形和拼接彩泥的过程中，锻炼了手部精细动作，促进了手眼协调能力的发展。	1.为幼儿提供彩泥等制作材料以满足他们的游戏需要。教师将中班哥哥姐姐制作的彩泥生肖展示在班级门口，为幼儿提供了学习的榜样，激发了幼儿的兴趣和创作欲望。2.相信幼儿是积极主动的学习者，在幼儿遇到作品无法站立的困难时，教师并未直接给出答案，而是支持幼儿通过观察、尝试和请教他人来解决问题，体现了"以幼儿为主体"的教育理念。3.给予幼儿在制作过程中自由探索的空间，比如尝试增加彩泥、调整结构等，支持幼儿通过实践发现问题并解决问题。

（续）

教育要素				教师支持
劳动观念、劳动精神	劳动习惯和品质	劳动能力	德智体美全面发展目标	
			5. 幼儿将所有的小球变成一样大小的过程体现了幼儿对统一美的感知，是为了让作品整体看起来更加和谐。	4. 为幼儿提供跨年龄段交往与学习的机会。这种支持不仅帮助幼儿解决了问题，而且增强了他们的社会交往能力。

（三）对上述劳动场景的思考

幼儿在和同伴一起进行手工制作的过程中，一边对材料的运用做出判断，一边灵活调整制作方式，这其实就是他们在进行自我评价和同伴评价，这些评价也在激励着他们把自己的手工作品做得更漂亮，展现出幼儿对自己劳动成果的期待。幼儿通过揉搓、塑形和拼接彩泥，展现了较强的动手能力和精细动作发展。在作品无法站立时，幼儿通过增加彩泥、调整结构、请教他人等方式不断尝试，体现了问题解决能力、坚持不懈的精神和良好的沟通能力。幼儿模仿哥哥姐姐的作品，并用纸杯作为支撑创造新的制作方法，展现了模仿与创新能力。在学会新方法后，主动向同伴分享技巧，展现了分享意识，最终体验到成功的喜悦，增强了自信心。他们还在合作与分享中感受到同伴的支持和集体的温暖。从幼儿的视角出发，评价不仅对其自身产生积极效应，更生动地体现了幼儿作为劳动者，在劳动过程中追求卓越、一丝不苟的精神风貌。

家园共育有助于充分发挥劳动教育的综合育人价值。家庭劳动教育也应注重孩子的全面发展，而不仅仅是完成任务。丫丫的家长听到老师分享丫丫制作生肖彩泥的故事后，和老师反馈道："在家里，孩子有时会因为任务困难而放弃，比如搭积木时，积木倒塌了就会哭闹。她一哭，我们总是安抚她的情绪。但通过这次活动，我意识到我们之前的做法其实是在让孩子逃避困难。作为家长，我们应该更多地支持孩子通过尝试和探索来解决问题，而不是直接替他们完成。我们也会在家中让孩子大胆尝试，让他能自己做的事情就自己做，在劳动中学会创造、合作与坚持。"可见，家长也意识到应鼓励孩子通过实践来学习和成长。并且，家庭劳动教育也可以成为孩子情感发展的重要途径。例如，当孩子完成一项家务时，可以给予他们积极的肯定和鼓励，增强他们的自信心和归属感。这种情感支持与幼儿园劳动教育中的情感目标紧密相连。

　　保教管理者会从宏观层面审视劳动教育的实施情况，重点关注教师是否做好了充分的"准备"，包括物质支持、环境创设以及教育理念的落实。案例中的教师不仅为幼儿提供了充足且适宜的材料支持，激发了他们的创造力和探索欲望，而且通过营造宽松、开放的氛围，鼓励幼儿自主探索和表达，同时为幼儿创设了与同伴互动、合作和相互学习的机会。这些举措充分体现了教师在劳动教育中的专业性。从家园共育的角度来看，家长的反馈反映了教育观念的转变，这是家园协同育人的重要成效，也是教师长期努力的结果。家长逐渐认识到劳动与生活体验对幼儿成长的重要性，并开始在家庭生活中为幼儿创造更多参与劳动和真实体验的机会。保教管理者可以通过丰富的生活劳动场景与劳动教育评价相结合，真实地将生活中的种种教育契机转化为有效的教育资源，使劳动教育贯穿于孩子的日常生活，真正落实"生活即教育"的理念。

第五章　生活中的劳动教育
——自我服务篇

　　正所谓"赖其力者生"，人要通过自己的双手和力量来获取生存下去的生活所需。自我服务是人类最本能的劳动实践活动。在自我服务的过程中，体会劳动与自己生活、生存的关联。从"我可以、我能行、我会做"中发现自己的能量、能力、能干，实现从自理、自立到自强的自我认同，是幼儿感知劳动的意义与价值的重要过程，也是形成正确劳动态度和积极情感的重要过程。

自我服务是幼儿基于本能体验劳动实践的活动。幼儿在三年的幼儿园生活中不断地深入体会"我可以、我能行、我会做"的过程（表4）。

表4 不同年龄班"自我服务"劳动教育具体内容列表

劳动教育内容划分	年龄班	生活中的劳动课程线索	具体案例
自我服务	小班	主题：我可以 1. 自己的事情自己做 2. 我想试试 3. 保护自己	整理玩具 洗颜料盘 自己披衣服 洗手、擦手油
	中班	主题：我能行 1. 讲卫生、爱干净 2. 我能做很多 3. 管理我的物品	干净的地面 整理自己的床铺 擦小椅子 整理抽屉
	大班	主题：我会做 1. 学习收纳 2. 我有好方法 3. 照顾自己	被子大作战 收纳积木 自理20分钟 冬天里保护我自己

第一节 小班"自我服务"劳动教育实践案例

案例一：洗颜料盘

一天，好好和子宜选择颜料和吸管进行创意游戏。在游戏结束时，好好说："我们去洗颜料盘吧！"子宜说："好啊！"好好把颜料盘放到水池中，撸起袖子，打开水龙头。冲了一会儿，好好发现颜料盘上还有残留的颜料，皱起眉头说："怎么冲不干净呢？"子宜看了看说："我来试试。"子宜撸起袖子，接过好好手中的颜料盘尝试洗起来。

只见她右手拿着颜料盘，左手的大拇指在绿色颜料的地方来回搓。顺着水流的冲洗，绿色颜料格被搓洗干净了（图 4）。好好拍手说："哇，这下洗好了。"接着再次尝试清洗。在清洗的过程中，好好指着水池说："你看，池子里的水的颜色和盘子里的颜料的颜色不一样了。"子宜看了看说："是呀，池子里有很多水。"子宜又看了一会儿说："我和妈妈画叶子的时候，妈妈告诉我加水就可以画出浅色的叶子。"好好说："好美呀，我喜欢这种颜色。"

图 4

在游戏分享环节，好好说："我和子宜清洗了颜料盘，我觉得很开心。"老师说："请详细和我们说一说吧！"子宜说："洗颜料时要用水冲，还要搓一搓，再用水冲一下就干净了。洗干净了就要关上水龙头。"好好接着说："对，不能浪费水。"子宜说："今天，我们发现绿色颜料用水冲过后变成浅绿色了。"好好点点头，大声说："我明天想用浅绿色画画，用水把颜料调稀一点，那样画出来可漂亮了。"苹果站起来说："我还见过哥哥用画笔刷颜料盘，也能洗得很干净。"老师说："又是一个好方法。"子宜说："那我明天试一试吧。"好好说："明天我们还一起来这里画画吧？"子宜很快答应："好呀！"

（案例提供教师：郭月瀛）

教育者的思考：

对于小班幼儿来说，清洗颜料盘的过程就是她们游戏的过程，她们在游戏中产生自我服务的愿望，主动提出清洗颜料盘，展现出强烈的劳动愿望。

在清洗的过程中，好好和子宜遇到了颜料残留的问题，她们尝试了用水冲洗和用手搓洗相结合的方法把颜料盘洗干净，可以看出她们非常乐意动手尝试做生活中的很多事情。好好和子宜冲洗颜料盘的时候运用了精细动作，这有助于协调能力的发展。同时，她们在清洗颜料盘的过程中惊奇地发现水能稀释颜料，想到可以用这个方法调出自己喜欢的颜色。小班幼儿就是在这样的充分体验、感知中快乐地学习着。

在分享环节，她们的快乐体验同样影响着其他小朋友。苹果认真倾听并提供了不同方法。子宜愉快地接纳了建议并表示愿意尝试。可以看出，幼儿在交流、分享中，愿意倾听并接纳他人的意见和想法，反映出良好的社会性发展。

案例二：自己掖衣服

午睡起床，图图睁开眼睛看到老师向他问好，回应道："老师下午好。"老师关心地说："立冬节气后，天气温度会逐渐降低。小朋友起床穿衣服时记得把上衣塞进裤子里哦。"随后，图图穿好衣服找老师检查，他摸着自己的肚子说："哎呀，忘了把肚皮藏起来。"老师回应："图图试试怎么做能藏起小肚皮吧。"

图图尝试着用双手拉开裤子边，使劲地向上提裤子，想把裤子提到衣服外面。试了几次都没有成功，图图看向老师说："老师，我不会。"老师走过去抱了抱图图说："我知道你很努力了，还记得儿歌吗？我们试试吧。"图图点点头，老师和他一起边说边做："卷卷上衣边，松松裤子带，小手向下拉，衣服向下放，提起裤子盖衣上，肚皮已经藏好了。图图，你来试试吧（图5）。"图图尝试着，可是当他提裤子的时候，上衣也跟着裤子一起上来了。图图说："老师，帮帮我。"老师说："图图加油，我们再来试试看。"说完，老师和图图再一次边说儿歌边尝试。图图在老师的鼓励下将衣服掖好了，他笑着说："肚皮藏起来了。"他高兴地抬起头看向老师，老师为他竖起了大拇指。

图 5

　　户外活动前，小朋友们陆续整理自己的衣服。这一次，图图尝试自己掖衣服，他边说儿歌边尝试："卷卷上衣边，松松裤子带，小手向下拉，衣服向下放，提起裤子盖衣上，肚皮已经藏好了。"儿歌说完，图图拍着肚皮说："老师，你看，我自己掖的衣服。"老师回应说："你真棒，真为你高兴。"老师边说边看到图图的后背还有一角没有掖进去，就蹲下来问图图："图图，后面的衣服是不是不太好掖呀，你需要老师帮助吗？"图图说："好呀，谢谢老师。"说完，老师帮助图图把衣服角掖进去。图图看到身边没整理好衣服的小朋友，问："洋洋，我的肚皮藏好了。我也帮你吧？"洋洋接受了图图的帮助。洋洋在图图的帮助下也藏好了肚皮，掖好了衣服。他们咯咯地笑了起来，老师问："怎么这么开心啊？"图图回答："我能自己掖好衣服了，还帮助了其他小朋友，我太高兴了。"就这样，他们的笑声吸引了更多小朋友的注意。

（案例提供教师：周阳）

教育者的思考：

　　掖衣服是一种能满足幼儿自我保护需要的基本生活技能，习得这种生活技能对小班幼儿来说具有一定难度，他们在学习这种技能的时候往往需要成人用游戏化的方式进行引导，给予支持、陪伴和鼓励。

　　初入小班，幼儿由于缺乏生活经验，露小肚皮属于正常现象，此时就需要教师结合天气特点及时鼓励幼儿学习自我保护的方法。幼儿的小肌肉动作、精细动作、协调性还处于发展中，图图最开始掖不进去衣服，想请老师帮忙，可以看出图图对于掖衣服这件有挑战的事有点退缩，老师能够陪伴并鼓励他反复动手尝试。当他第一次独立掖好衣服时，这种成功的尝试给他带来了"我很能干"的积极体验。

从向老师寻求帮助到独立完成掖衣服，再到主动帮助他人掖衣服，图图经过了退缩、克服困难、勇敢尝试到自信帮助他人的变化。这种变化带给图图很大的积极力量，会让他越来越有信心尝试力所能及的事。

第二节　中班"自我服务"劳动教育实践案例

案例一：擦小椅子

自主游戏开始了，婷婷搬起小椅子的时候发现椅子上有一条"黑道道"，她拿纸巾擦了两下，却擦不掉。婷婷皱着眉头说："这是什么啊？"她继续尝试着，拿来一块清洁抹布用力地擦，擦了一会儿发现"黑道道"变短了。接着，她尝试用食指顶着抹布反复擦，终于，把"黑道道"全都擦干净了（图6）。婷婷对老师说："老师，我擦掉了椅子上的'黑道道'。"身边的子墨听到后问："'黑道道'是什么？椅子上为什么有'黑道道'呢？"婷婷说："我猜是粘在椅子上的胶，擦的时候黏黏的，要用力擦才能擦干净呢。"子墨回答："哦，原来是这样，我的小椅子上面也有'黑道道'。"婷婷说："我有好方法，要用力将

图 6

布按在'黑道道'上，一只手扶着椅子，另一只手反复擦。'黑道道'会越来越短、越来越小，就能擦干净了。"子墨开始尝试起来。不一会儿，子墨也擦掉了"黑道道"。婷婷看了眼子墨手里的抹布后说："子墨，你快去洗洗抹布吧，抹布上都是黏黏的胶。"子墨回答："好呀。"婷婷也拿着抹布和子墨一起冲洗。

在洗抹布的时候，婷婷边用力搓，边用手不断触摸有黏性的地方，她大声地说："这太难洗了，我们可不能把胶粘在椅子上了。"过了一会儿，婷婷带着洗好的抹布回来，走到老师身边说："老师，我想告诉小朋友要爱护小椅子。如果黏黏的胶粘在椅子上了，要用抹布擦干净。"老师支持婷婷的想法。在分享时，婷婷讲述了她擦椅子的过程，小朋友听后表示同意，并且提出"爱椅行动"，坚持每周都检查自己的小椅子。

（案例提供教师：郭蒙）

教育者的思考：

婷婷发现椅子上有"黑道道"，愿意主动清理以保持干净的环境，可以看出她在生活中自主萌发的劳动意愿。在擦椅子的过程中，婷婷用食指顶着抹布擦，可见她在动脑筋并不断尝试。

婷婷主动向老师分享自己擦椅子的事情，这其实是她对自己努力过程的自我肯定。恰巧她的激动引起了同伴的关注，他们共同回想"黑道道"形成的原因。婷婷还十分热心地给同伴分享擦椅子的方法，步骤讲述得很清楚，其逻辑思维能力和语言表达能力得到发展。共同擦椅子的经历让她们更加投入地劳动，进而发起爱护班级环境的倡议。可以看出她们不仅十分珍惜自己的劳动成果，而且具有强烈的环境保护意识和责任感。

案例二：整理抽屉

幼儿从户外回来，把自己的外衣叠好放进抽屉里。小宇抱着叠好的外衣走到抽屉前，把外衣放进抽屉后想关抽屉，但是抽屉并没有关上。小宇又拉开抽屉，使劲往下按了几次，发现还是关不上。

小宇自言自语地说："为什么关不上呢？"说完，她继续尝试。好朋友瑶瑶叫她："小宇，我们一起去玩吹泡泡吧？"小宇说："可是我的衣服还没放进去呢。"瑶瑶走过来，把小宇的抽屉完全拉开，一边指着抽屉里的东西一边说："你把所有东西都摞在一起，东西越来越高，抽屉肯定关不上的。"小宇说："那怎么摆放呢？"瑶瑶拉开自己的抽屉，向小宇介绍："你看，我把成长档案和书包放在抽屉的右边，左边是外衣（图7）。"小宇看到后说："你的抽屉分成了两半，我也试试看。"小宇持续尝试着，说："瑶瑶，快来看啊，我的抽屉能关上了！"瑶瑶看到后说："你真厉害！"小宇说："分类放就不会堆很高了，你的方法真好用！"瑶瑶笑了笑。小宇接着说："我现在觉得整理抽屉很简单，我的抽屉能打开、关上了，真开心呀！"就这样，她们在交流中开始了吹泡泡游戏。

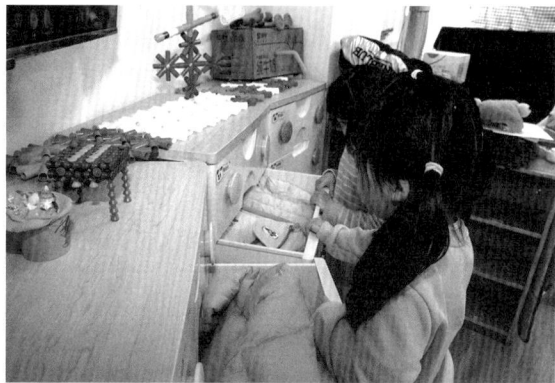

图 7

（案例提供教师：王丹娜）

教育者的思考：

幼儿每天都要整理抽屉，这是他们自我服务能力的体现。小宇反复尝试整理抽屉的过程，不仅在锻炼分类收纳能力，而且在发展空间感知能力。同伴学习在这一过程中发挥了重要作用，在瑶瑶的帮助下，小宇得到启发，顺利关上了抽屉，感受到了劳动让生活更有序。

一开始，小宇遇到了抽屉关不上的困难，她尝试通过用力按压外衣的方式解决。尽管没有见效，但她始终在探索，面对困难展现出了积极的态度和勇于尝试的精神。瑶瑶帮助小宇分析问题出现的原因，小宇也通过观察瑶瑶的抽屉，明白了合理规划空间的重要性。同伴间的交流不仅为小宇提供了新思路，而且促进了她们语言表达能力和社会交往能力的发展。得到启发后，小宇再次整理自己的抽屉，这次，她不仅明白了做事要讲方法，而且体验到了劳动带来的成就感。此外，同伴之间的相互肯定也加深了两人之间的友谊。

从初次尝试的直觉型操作"按压外衣"到分析抽屉关不上的原因，从学习同伴的经验到最后自己整理好抽屉，小宇的自我服务能力得到了提升。这个过程也是她形成良好生活习惯的过程，会让其受益终身。

第三节 大班"自我服务"劳动教育实践案例

案例一：被子大作战

一天中午，孩子们起床穿衣服的时候看到老师正在叠被子，亦欣走到老师身边说："吴老师，每天都看到你给我们叠被子，其实我也想来试试。"话音刚落，迪迪和洋洋也走了过来，说："我们也想试一试。"老师看着孩子们都在看着自己，于是说道："你们是不是都想试试自己叠被子？"孩子们点点头。老师接着说："好呀，那明天起床的时候你们都来试一试。"

第二天，孩子们起床快速穿好衣服后开始尝试叠被子。亦欣把被子的四个角打开铺在床上，球球拍了拍她，说："你的被子都摆到我的床上了，我都没法叠了。"亦欣说："这床太小了铺不开，只能先用用你的床，我快点叠。"球球又说道："那我帮你一起吧。"就这样，两个孩子一起叠了起来，一人拉着一个角，嘴里念着："这个边对中间，不对，应该对中间这儿。另一边再对这个边。"就这样，两人尝试了半天，终于将大被子变成了一个长方形（图8）。接着，球球说："你再把底下这里翻上来就好了。"于是亦欣把被子往上折了一下，说："这样就可以了吧。"看着叠好的被子，两人笑了起来。

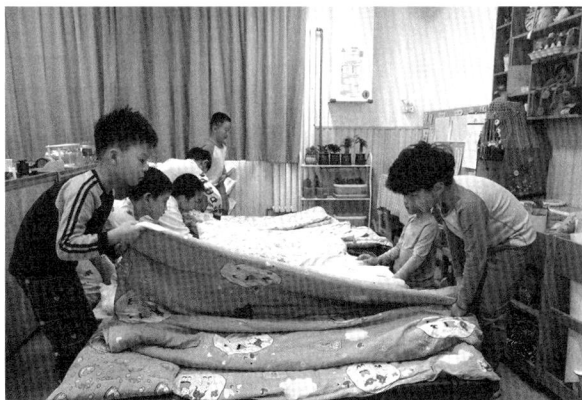

图 8

下午，孩子们一边吃水果一边议论中午叠被子的情况，于是老师在午点之后展开了一场关于"叠被子心得"的专场对话。老师："今天中午叠完被子之后，我听到很多小朋友都在说自己叠被子的情况，谁愿意和大家分享一下自己叠被子的情况和自己的发现？"小朋友们你一言我一语地表达着：亦欣说在小床上叠被子太困难了；洋洋说叠被子看着挺简单的，但是一叠就成一团了；小花说叠完的被子虽然整齐，但是有一部分多出来都掉到地上了；还有一部分小朋友表示一个人叠被子太累了，总也叠不好；还有的则表示两个人可以合作叠，但是一起叠需要两人提前商量好再操作。孩子们还表示，接下来每天都要自己叠被子，将自己想出来的叠被子的好办法都试一试，看看哪种方法最快最好。老师听了点着头说道："看来你们都有了自己的办法，那接下来你们可以继续尝试。"

老师将孩子们叠被子的故事梳理在美篇中与家长们进行分享，家长看到之后也在美篇中给老师留言，有的说："以前孩子在家里从来不叠被子，现在居然主动要求叠被子，还叠得有模有样，真是长大了。"还有的说道："看到孩子学会了自己叠被子，我觉得他越来越懂事了，能够照顾自己了。"

就这样，孩子们每天中午起床之后最开心的事就是一起叠被子，老师也会随机询问孩子们叠被子的感受："这几天自己叠被子有什么感受吗？"大玉表示很开心学会叠被子；洋洋表示自己在幼儿园学会叠被子之后，回家了还给爸爸妈妈叠被子，家人都很开心；天天表示虽然叠不好，但愿意每天都试一试，一定会成功；亦欣表示遇到问题两个好朋友一起想办法就能很快解决了，还和伙伴编了一个叠被子的顺口溜：先把被子铺铺平，拎起两角向中折，还有一边要对齐，最后下边往回翻。

（案例提供教师：吴春梦）

教育者的思考：

当看到老师叠被子时，幼儿主动表达想要自己叠被子，展现出了强烈的自我服务意愿；在叠被子的过程中遇到问题也尝试解决，展现出强烈的劳动意愿和良好的合作精神。

亦欣和球球在一起叠被子的过程中克服了两大主要困难：一个是被子与床的大小匹配问题，另一个是将被子整齐地进行翻面的问题。协商、合作是破解这两大困难的关键点，两名幼儿在相互配合的过程中顺利叠好了被子，体现了同伴之间的友爱和团结。最后，他们还把叠被子的方法创作成顺口溜。

在分享叠被子的感受时，幼儿感受到了劳动的辛苦、合作与协商的重要性。此外，他们对自己连续一段时间内叠被子的感受也不尽相同。有的幼儿收获了成就感，要把劳动所学带回家中，让家人感受到关爱；有的虽然这段时间没学会叠被子不开心，但表示愿意继续学，展现出了积极的态度；还有的想以后每天都自己叠被子，在实践中尝试应用自己想到的好方法，展现出了不怕困难的精神和坚持不懈的劳动品质。这种不同也恰恰展现出教育的责任——尊重、接纳每一位幼儿，让每一位幼儿都能感受到自己的进步与成长。

幼儿在叠被子活动中不仅感受到了自己的成长，而且学会了如何在集体中互相帮助、共同进步。劳动育人的价值不光在于培养幼儿的生活技能，更在于通过劳动教育培养幼儿的责任感、合作精神、自信心、积极的生活态度及其他良好品质，这些对幼儿一生的发展都具有重要影响。

案例二：收纳积木

游戏结束后，小小和六六正在按照形状收积木。突然，六六说："玩具柜放不下这么多积木，怎么办？"小小问："怎么回事呀？这些积木都是从柜子里拿出来的，为什么放不回去呢？"小小凑近了看，想找到原因。观察了一会儿，她指着玩具柜说："三角形积木（竖着放的）和正方形积木中间还有空，半圆形积木旁边也有一些空。"六六说："原来是这样，我们需要重新整理了。"就这样，他们开始第二次整理。

又是一天的游戏后，他们开始整理积木。小小转动着三角形积木，眼睛看向玩具柜，她把三角形积木贴着玩具柜横着放了进去，说："横着放三角形积木，还有位置可以放其他形状的积木。"六六说："试试吧，其他积木也横着放吗？"小小说："试试看，把积木都拿出来，重新整理一下，现在这样摆放太乱了。"六六点头同意小小的提议。过程中，六六发现了适合存放半圆形积木的位置，他说："小小你看，这里像桥洞，是个半圆形，是不是可以收小半圆形积木呢？"没过一会儿，六六又说："小小，你看，弧形积木和半圆形积木也能拼在一起，又能多出来一些地方了。"就这样，他们一直想办法，直到积木收纳整齐（图9）。

图 9

文文看到后说："哇！好整齐！"六六说："我们找到了整理积木的秘密哦！"文文问："是什么秘密？"六六说："收积木的时候不仅要分类摆放，还要把能拼在一起的积木拼好，这样积木就都能收进柜子里，还整整齐齐的。"小小说："没错。"文文说："真是好方法，你们真厉害！"小小、六六都开心地笑了。

（案例提供教师：黄冰）

教育者的思考：

整理玩具材料是幼儿完整的游戏过程中不可缺少的环节，也同样为提升幼儿的自我服务能力提供了锻炼机会。案例中的两名幼儿不断更换积木的摆放方式，竖着放、横着放、组合放，在动手的过程中展现了良好的探索精神。

起初，幼儿发现玩具柜摆不下积木的时候，便通过回忆玩具柜原来的样子和仔细观察玩具柜现在的样子，在对比与观察中发现是对玩具柜的空间利用不充分导致的，根源是积木的摆放方式。他们尝试采用转换积木摆放方向的方式，将积木的形状特征与玩具柜的结构特征建立连接，让玩具柜的每处空间都能得到充分利用。他们还在解决问题的过程中有了新的发现——有的积木可以相互组合，从而节省空间。最后，从他们与同伴文文的对话中可以看到他们在整理积木的过程中不仅收获了收纳积木的方法，而且感受到了劳动的价值，从劳动中获得了成就感。

第六章　生活中的劳动教育
——为他人和集体服务篇

　　卢梭说："劳动是社会中每个人不可避免的义务。"可以说劳动教育也是责任教育。人们在劳动中，特别是在为他人或集体服务的劳动中尤其能感受到责任感带给自己的光荣和自豪感，也尤其能感受到劳动的价值和意义。

幼儿虽然年龄小，但是在"我愿意—我想做—我负责"的过程中（表5），从情感出发体会初步的责任感。这是劳动教育中至关重要的过程，将对幼儿的劳动观念产生积极的影响。

表5　不同年龄班"为他人和集体服务"劳动教育具体内容列表

劳动教育内容划分	年龄班	生活中的劳动课程线索	具体案例
为他人和集体服务	小班	主题：我愿意 1. 大家一起做 2. 我爱干净	保护玩具小使者 宝宝过生日 收拾自然角
	中班	主题：我想做 1. 小小值日生 2. 爱心服务	小小值日生 搬桌小记 运椅子 阳光快递站
	大班	主题：我负责 1. ××保管员 2. 让我帮助你	浇水时的新收获 爱心天使服务站 午饭后的劳动 椅子保管员

第一节　小班"为他人和集体服务" 劳动教育实践案例

案例一：宝宝过生日

在幼儿自主创建的游戏场地中，煊煊正在准备给宝宝过生日。她把蛋糕和各种各样的水果放在盘子里，一盘一盘地摆放在桌子上。球球也在娃娃家里准备着，他来来回回好几趟，走过桌子时碰掉了水果、碰倒了杯子。煊煊看到后，一边捡一边大声说："我都捡了很多次了！"老师听到后问："煊煊，怎么了？"煊煊指着桌子回答："球球总是碰掉东西，我都捡很多次了，这么乱都不能给宝宝过生日了。"老师追问："你想怎样给宝宝过生日呢？"煊煊回答："我想摆好桌子上的这些水果和杯子，给宝宝唱生日歌、吃蛋糕。"老师问："那现在你想怎么做呢？"煊煊看看桌子再看看地上掉落的水果和杯子说："要捡起来放在桌子上，摆好以后给宝宝过生日。"老师追问："为什么呢？"煊煊说："我在家过生日的时候，爸爸妈妈就是准备一桌好吃的，有水果、蛋糕，然后唱生日歌、吹蜡烛、许愿，特别开心。"老师说："哦，原来你想为宝宝过一个特别开心的生日，所以需要摆放好水果和蛋糕。可以把你的想法也告诉球球吗？这样球球就知道了。"煊煊走到球球身边，把自己的想法告诉了球球。球球听后，笑着说："我也想为宝宝过生日。"说完，球球将掉落在地上的水果、杯子、盘子全都捡起来。煊煊将水果重新放在盘子里，摆放好过生日的餐具和蛋糕。然后，球球自发地拿起小墩布转着圈墩地（图10）。煊煊好奇地问："球球，你为什么这样墩地呢？"球球听到，立马直起腰笑着说："爸爸说过，家里干净了过生日拍照更好看。我过生日的时候，爸爸就是这样做的。"煊煊说："哦，我也会墩地。我和你一起吧。"说完，煊煊将手中的杯子摆放在桌子上，也拿起小墩布左摇右摆着墩地。没过多久，地面就被收拾得很洁净。

看着两个人忙碌的身影，老师在一旁微笑着说："哇，今天真是焕然一新！"球球说："这是我和煊煊一起做的。"煊煊也紧接着说："是呀，我们想一起给宝宝过生日，所以要墩干净。"老师说："这里在你们的努力下真是越来越干净了，宝宝的生日一定过得特别开心。"随后，煊煊和球球开始给宝宝庆祝

图 10

生日，他们开心地笑着，手拉手唱起生日歌，欢乐的氛围萦绕在这里。游戏结束后，球球拉着煊煊的手问："明天还来玩吧？"煊煊说："好呀，我很喜欢，明天还来这里玩。"球球点点头，说："我也很喜欢，我还想在这里给宝宝过生日呢！"两个人手拉手一起笑着。

（案例提供教师：戚冉）

教育者的思考：

幼儿在生活与游戏中会自然而然地产生劳动情感，调动生活经验为自己的生活、游戏创造更加美好的环境。案例中的幼儿在"宝宝过生日"的游戏中就产生了摆放盘子、墩地的行动。

虽然一开始遇到了桌面物品掉落、很乱的问题，但是在与老师的互动中，煊煊大胆向同伴球球说出自己的想法，要把水果和蛋糕等物品摆放好给宝宝过生日，同时也激发了球球参与劳动的愿望。球球将在家中看到的爸爸转着圈墩地的劳动方法迁移到游戏中，自发使用小墩布墩地，把游戏场地打扫干净，并且在打扫的过程中理解了劳动的意义。最后，煊煊和球球用自己的双手给宝宝营造出温馨的生日氛围。两名小朋友提到明天还要来娃娃家玩，可见他们在劳动中收获了积极的情感体验，这种体验又转化成了他们的游戏内驱力。

当煊煊因为反复收拾出现情绪时，教师通过提问"你想怎样给宝宝过生日？""那现在你要做什么呢？"平复了煊煊的心情。教师的关注与陪伴也是对幼儿参与劳动的一种鼓励，有助于幼儿产生持续劳动的热情。

干净整洁的环境是每个人的生活需要，也是每个人的生活习惯。幼儿在给宝宝过生日的游戏中形成积极的生活态度。

案例二：收拾自然角

典典和伙伴们正在做游戏。突然，典典的目光被班级的自然角吸引住了。他发现自然角的地面上满是干枯的叶子，随后便跑到角落里，拿起了扫帚和簸箕。典典蹲下来，把地上的叶子扫到了一起，还把架子底下的干叶子也一并掏了出来。看着一堆叶子，典典充满成就感地说："这下可干净多了！"他低头检查了一遍，确认没有漏掉任何一片叶子后，便开始将叶子扫进簸箕里（图11）。典典一手握着扫帚，一手拿着簸箕，一直扫到将最后一片叶子都收入簸箕中。典典的脸上露出了笑容，他端着盛满叶子的簸箕，朝垃圾桶走去。他用脚踩下垃圾桶的踏板，垃圾桶的盖子缓缓打开。看着眼前的灰色垃圾桶和绿色垃圾桶，典典没有把叶子倒进去。他放下手中的扫帚和簸箕，抬头看向墙上的垃圾分类图。小手顺着图示中的图标滑动，仔细寻找着。终于，他的目光锁定在了绿色垃圾桶中的树叶图案上。他果断地将簸箕拿起，将干叶子全部倒进了绿色垃圾桶中。这时，丁丁恰好走了过来，看到典典倒叶子，他笑着说："典典你可真棒！"典典听后微微低下头，不好意思地笑了。随后，典典收好扫帚和簸箕，准备回到游戏中去。

图 11

小伙伴琦琦看到典典回来，问："典典，你为什么这么开心呢？"典典说："我把叶子都扫起来了，自然角变干净了，我很开心呀！"琦琦转过身，看向整洁的自然角说："真的很干净，典典你真棒！"说着，他给了典典一个大大的拥抱。老师看到他们友爱的瞬间，问道："典典你想给大家分享今天的快乐吗？"典典回答："想，我还想让大家一起爱护自然角。"典典把想法告诉老师，老师非常支持。

游戏后，随着典典的分享，越来越多的小朋友加入进来。他们还提出要坚持扫干叶子、做垃圾分类、按时浇水等生活约定。

（案例提供教师：曹祁凤）

教育者的思考：

从典典主动清扫自然角掉落的叶子这一行为，可以看到幼儿能够发现周围生活环境的变化，从而发起主动劳动行为。从扫地的动作到清理叶子进行垃圾分类这一系列的行为中可以看出幼儿有一定的劳动经验。每天生活的环境与幼儿息息相关，幼儿在生活中自发地产生劳动意愿。

典典在清扫自然角时，先把叶子都扫出来堆在一起，再一手握着扫帚，一手拿着簸箕，双手配合着将叶子收入簸箕里，可见他做事很有秩序。并且他还有意识地检查，保证不落下一片叶子，展现出了他做事情细致、善始善终的品质。典典通过观察墙上的分类图示判断应该把叶子放到哪个垃圾桶里，这一行为既体现了对生活经验的迁移运用，又说明他具有环保意识和责任意识。

这不是一次简单的清扫劳动，幼儿在此过程中锻炼了动手能力，丰富了垃圾分类的生活经验。同伴与典典的良性互动使他感受到肯定与认可；他自己看到干净的自然角也觉得很开心，可见他从劳动中获得了满足感和成就感。典典用自己收拾自然角的行动诠释了为集体服务的幸福感，也在大家的心中播下了环保与爱护植物的种子，有助于他们形成热爱自然、关爱社会的良好品质。

第二节　中班"为他人和集体服务"劳动教育实践案例

案例一：搬桌小记

由于班级活动室是一室两用，因此午餐后需要将桌子搬离教室，准备进入午睡环节。在一天的午饭后，随着小朋友们饭后整理餐具和就餐场地，子悠和翔翔的搬桌行动也悄然开始了。

"翔翔，我们一起把桌子抬出去吧。"子悠一边提议一边用手比画着抬桌子的动作。"好呀，我们一起搬桌子。"翔翔笑着回应。一开始，两个人面对面抬起桌子，子悠倒着走，翔翔看到大声说："子悠，你不能倒着走，看不到后面会摔倒。”子悠听了，赶紧停下脚步，想了想转过身说：“那我转过去吧。”只见子悠双手背后抬着桌子说：“我在前面，跟着我走就安全了，咱们走吧。”翔翔见状，立刻加快脚步，努力跟上子悠（图 12）。

图 12

走到门口，子悠突然停下，皱着眉头说：“桌子没地儿放了怎么办呢?”翔翔回答：“我们再看看还可以放在哪儿吧。”于是，两人把桌子放下，开始在楼道中寻找合适的位置。子悠说：“我觉得桌子应该放在不挡路的地方，这样小朋友散步就不会被碰到。”翔翔点头说：“可以挨着墙摆好。”子悠说：“好的，那我们把桌子搬过来吧。”随即继续搬桌子行动。

一张、两张、三张，挨着墙摆放了三张桌子后，他们又遇到了问题。翔翔说：“我们去前面大厅里看看能不能放桌子吧?”子悠噘起嘴说：“可是大厅太远了，要搬桌子走好久。”翔翔笑着说：“我们一起搬，一起使劲，很快都会走到的。”子悠回答：“好吧，可以试试，我们一起数 1、2、3，然后再抬起来走。”说完，迅速做好抬桌子的准备，双手背后，边用力边喊：“1、2、3，抬!”翔翔立刻接上：“1、2、3，走!”两人的配合让子悠笑了起来。

在两个人的共同努力下，桌子终于被抬到了大厅。子悠和翔翔一边抬着桌子，一边反复地说着：“1、2、3，抬! 1、2、3，走!”终于，他们把其他三张桌子搬到了大厅，整齐又安全地摆放好。子悠和翔翔互相看着对方，脸上流露出笑容，子悠大声地说：“我们成功啦!”

回到班级，老师和小朋友也听到了他们激动的声音，一名小朋友问：“子悠、翔翔，你们是怎么做到的?”子悠说：“是我们两个人一起努力完成的。”翔翔说：“没错，我们两个人一起想办法，一起喊 1、2、3 就成功了。”两个人边说边看向对方，又露出了开心的笑脸。小朋友也被他们的努力所感染，回应道：“你们两个人真厉害，我也想加入，和你们一起搬桌子。”子悠说："好呀，下午我们一起搬。"翔翔说："太好了，人多搬桌子更快乐。"老师在一旁听着幼儿的交流，感受到他们长大了，努力为班集体做事情，不禁拥抱了他们。

（案例提供教师：张宁）

教育者的思考：

搬桌子是幼儿每天在园一日生活中都要经历的事情。在本案例中，幼儿相互配合，共同努力为班级创造良好的午睡空间。比如，为了给桌子找个合适的位置，子悠和翔翔积极思考，在遇到问题时积极想办法解决，并为他人通行方便考虑。

子悠主动提议搬桌子，翔翔也积极响应，这表明他们对集体劳动有责任感和参与意识。翔翔看到子悠倒着走时立即提醒他"看不到后面容易摔倒"，可见翔翔具有安全防范意识，并能及时帮助同伴规避危险。安全教育也是劳动教育中不可忽视的一部分。

幼儿在搬桌子的过程中自主创编出劳动口号，展现出积极的劳动态度和责任心。简短的一句"1、2、3，抬！1、2、3，走！"不仅是他们协调动作的方式，而且给予他们合作的力量。一起搬桌子的经历也加深了幼儿彼此的友谊，从他们脸上洋溢的笑容可以看出他们在劳动中收获了积极的情感体验和成功的喜悦之情，相信这也会成为他们一段美好的回忆。

最后，子悠和翔翔一起搬桌子的成功经验还激发了其他小朋友参与劳动的热情，这表明他们已经开始意识到自己是集体的一部分，并愿意为集体贡献力量。

案例二：阳光快递站

幼儿发现经常有家长给小朋友送来备用衣服、更换的小被子、户外小水壶等物品，还发现保安叔叔确认好是哪位小朋友的物品后，会帮助大家将这些物品都送到班里，感受到叔叔们很辛苦。经过一番讨论，幼儿决定成立一个小朋友的"阳光快递站"，负责将这些生活物品送到对应班级的小朋友手中。就这样，"阳光快递站"开始正式营业了。

一天，幼儿刚吃完早餐，就接到了来自保安叔叔的电话。保安叔叔说："'阳光快递站'收到了家长送来的书包、水壶和被褥，记得送到班级哦。"欢欢听了说："好的，我们现在就过去，谢谢叔叔。"说完，多多立刻告诉大家这个消息，他们决定一起出发到"阳光快递站"看看。

到了"阳光快递站"，幼儿把物品装上了车，很快就将书包、被褥送到了相应的班级中（图13）。牛牛看到车里只剩下一个水壶，高兴地说："马上就要送完了。"畅畅拿起水壶看了看说："只有名字没有班级，我们要送到哪儿去啊?"牛牛说:"那咱们是不是要一个班一个班地去找它的主人?"欢欢说:"也只能这样了。"随后几个人就出发开始寻找水壶的主人,最终在大一班找到了它的主人,哥哥说:"太谢谢你们了。"牛牛、畅畅、欢欢听到哥哥的话高兴地笑起来。牛牛大声说道:"可找到了,太不容易了!"

图 13

他们回到班级时,老师看到他们兴高采烈的样子,说道:"呀,看来今天的快递送得很顺利!"牛牛赶忙回答:"哎呀,今天太累了,因为有个水壶没有名字,我们找了好久。"畅畅也说:"对呀,我们挨着班级问,最后终于找到了。"老师说道:"既然这么累,你们还那么开心?"欢欢说:"是呀,因为最后找到了,而且哥哥收到很开心,所以我们也很开心。"老师接着说:"那如果下次还有没写班级的物品怎么办?"畅畅提议:"水壶上面有名字,可以拿着水壶到各班问一问。"欢欢说:"还可以再找保安叔叔问问,早上就是保安叔叔接的水壶。"亮亮说:"要不要在家长送这些物品时,让家长写上班级,这样就可以按照家长写的送到小朋友手里了。"牛牛说:"那咱们把这些方法都画下来,这样'阳光快递站'里的小朋友就都知道了。"

就这样,在相互讨论与记录后,幼儿开始了行动,拿着记录单去和保安叔叔商量在"阳光快递站"增加一些纸和笔,让家长在物品上写下小朋友的班级和姓名,之后放到"阳光快递站",最后由"阳光快递员"送到小朋友手中。

经过调整,他们再次行动,牛牛、畅畅和队员们按照纸上写下的班级和姓名,顺利地将生活物品送到了每个小朋友的手中。回到班级,他们迫不及待地相互分享起来,牛牛说:"我太高兴了,今天按照记录单很快就都送到了。"畅畅说:"我也很开心,我们送了两个书包和一套被褥,被褥特别重,我们用小车推着送,可好玩了。"亮亮说:"我好喜欢给小朋友送东西。我还想送。"欢欢说："给弟弟妹妹送书包，他们还会抱抱我，我很喜欢这种拥抱。"更多的小朋友表达着他们的心情与感受，他们都充满了对下一次行动的期待。

（案例提供教师：闫凤）

教育者的思考：

幼儿在日常生活中关注到身边为大家服务的人，并且感受到了他们的辛苦付出。于是案例中的幼儿萌生了想要帮助保安叔叔，代替他们去送物品的愿望。他们自发成立"阳光快递站"给小朋友送物品，主动参与到为集体服务的劳动中。

在体验的过程中，牛牛他们遇到物品缺失重要的班级信息，因此找不到主人的情况。面对这一困难，他们没有放弃或是求助他人，而是积极想办法，通过一个个班级寻找的方式，最终找到了物品的主人。参与了这次行动的小朋友都感受到了其中的不易与成功完成任务的喜悦，充分地展现了坚持不懈的精神。回到班级，在和大家分享交流的过程中，牛牛几人也在探讨更适合的办法：畅畅提到以后可以结合名字的线索去各班再问问；欢欢想到与保安叔叔确认；亮亮则提到了护送物品前的准备方式，做好名字、班级与物品的对应。每名幼儿都在积极地想办法来解决送物品过程中遇到的问题，提升了解决问题的能力。

经过一段时间的行动，幼儿感受到了劳动的成就感和帮助他人的快乐，特别是幼儿自身和同伴之间形成的劳动评价给了幼儿坚持下去的动力。

第三节　大班"为他人和集体服务"劳动教育实践案例

案例一：午饭后的劳动

吃完午饭后，需要清洁干净班级地面，以便做午睡放床的准备。这一天，硕硕把自己的餐具送到收纳桌上、擦嘴、搬椅子。其他小朋友也陆续结束了午餐。硕硕四处张望，发现地面上有掉落的食物残渣，尤其是米饭粒，格外显眼。硕硕便拿起桌子下面的扫帚清扫起地面。

硕硕一边扫一边自言自语："一个人要很久才能扫完，谁和我一起扫地呢?"这时，身边走过的琦琦听到了他的话，立刻停下脚步，笑着说："我和你一起扫吧!"说完，琦琦也拿起了一把扫帚，两个小朋友就这样在班级的不同位置开始清扫地面（图14）。不一会儿，硕硕已经清扫好了两张桌子所在的地面，琦琦却遇到了麻烦。"米饭粒粘在地面上，扫不动怎么办呢?"琦琦问。硕硕听到后，走过来说："我也遇到了粘在地上的米饭粒，我是用向前推着扫的方法，你也试试吧。"琦琦听后尝试向前推扫帚，果然，米粒被扫动了。"这个方法真有用!"琦琦高兴地说。

图 14

小朋友们回到教室，看到干净整洁的地面，说："哇，你们扫得好干净呀!"硕硕和琦琦自豪地举起扫帚，齐声说："因为是我们的班级，我们都要爱护呀!"硕硕接着说："我看到地面有很多掉落的米饭，这些都浪费了，大家在吃饭的时候要珍惜，不掉饭。"琦琦也说："是呀，农民伯伯很辛苦的，我们吃饭的时候身体离桌子近一些就不会掉饭了。"小朋友们听了，纷纷点头表示赞同，齐声说："好的，我们都要做到光盘行动不掉饭。"接着，他们开始分享珍惜粮食的方法，有的建议盛饭的时候少盛一些；有的建议吃饭时认真咀嚼，避免浪费食物。从此以后，班里践行着珍惜粮食、光盘行动的理念。

（案例提供教师：魏辰）

教育者的思考：

在生活中，幼儿时常会关心生活环境。在本案例中，硕硕发现地面掉落的米饭后，主动清扫，在同伴的积极帮助下，共同完成。同伴遇到扫不动米饭的问题，硕硕会积极分享自己的清扫方法，丰富同伴的劳动经验，这也让他们在劳动中增进了友谊。

听到其他小朋友赞叹地面干净整洁时，硕硕和琦琦说"我们的班级，我们都要爱护"，可见他们非常具有集体意识和责任感。班级小朋友看到硕硕和琦琦的劳动以及听到他们的表达后也深受启发，感受到干净与整洁需要大家共同努力维持，还意识到在生活中不仅要为了保持环境的整洁而努力，还应该珍惜粮食，尊重他人的劳动成果。

最后，两名幼儿还呼吁班级的小朋友们在吃饭的时候，身体要离桌子近一些，防止掉落米饭粒。硕硕和琦琦的这份责任心与行动力，不仅为班级整洁的环境贡献了力量，而且发挥了榜样作用，感染身边的小朋友养成良好的生活卫生习惯。

案例二：椅子保管员

幼儿园的小朋友们在操场上尽情地玩耍。随着一场精彩的操舞表演结束，大家的注意力都集中在了欢快的游戏中，然而，操场一旁的小椅子却被遗忘了。

晚上离园前，天空突然阴云密布，细细的毛毛雨开始落下。悠悠在班级门口望着那些小椅子，说："你看这些小椅子可真可怜，都淋到雨了。"芸芸说："要是雨一直下，小椅子就要被淋坏了。"哲哲说："我们把这些小椅子搬走吧。"悠悠说："可是这么多小椅子，怎么搬呢？"芸芸提出："咱们可以每个人搬几把，我们身上都有雨衣，也不怕淋雨。"哲哲点点头说："那咱们多喊几个人吧。"于是，几个小朋友开始呼唤其他同伴，大家聚集在一起，准备行动。

搬了一会儿，悠悠说："这样太慢了！这得搬到什么时候啊！"这时，可可灵机一动，提议道："我们像击鼓传花那样传椅子吧。我传给芸芸，芸芸传给悠悠，悠悠传给哲哲，哲哲再传，咱们就一直往前传，传到走廊里。"小朋友们都觉得这个主意太棒了，纷纷表示赞同。于是，大家开始行动起来。可可第一个拿起一把小椅子，朝芸芸传去。芸芸接过椅子，迅速把它传给了悠悠，悠悠又把椅子递给了身边的哲哲，哲哲接过后又将椅子传给了后面的小朋友……就这样，椅子在小朋友们的手中像接力棒一样不断传递着。

越来越多的小朋友加入传椅子的队伍，操场上顿时热闹起来。没过多久，所有的小椅子都被安全地传到了走廊里，大家都松了一口气。老师看到这一幕走过来，说："真为你们的努力感动，你们长大了。"芸芸说："老师，这些都是我们的小椅子，应该保护它们呀。"可可也说："我们每个人都要爱护小椅子，爱护我们的幼儿园。"小朋友们纷纷点头，脸上都洋溢着笑容。

（案例提供教师：郭蒙）

教育者的思考：

幼儿突然发现操场上的小椅子没人收拾，正在淋雨，于是产生要将小椅子尽快收放好的愿望，可以看出他们对大家共同使用的物品具有责任心，并积极付诸行动，商讨怎样将小椅子运到走廊，不被雨淋湿。

　　面对搬运椅子速度慢的问题，幼儿积极寻找更好更快的方法。他们将击鼓传花的游戏经验迁移到搬运椅子的场景中，以接力的方式搬运椅子，不仅在劳动中发展了动作协调性，而且感受到团结协作的力量。最后，幼儿提到要爱护自己的小椅子，爱护幼儿园，展现出强烈的归属感和集体意识。

　　相信每当小朋友们坐在椅子上时，都会想起冒雨传椅子的那一天，巩固着这份对身边事物的关爱和为大家服务的责任心。

第七章 生活中的劳动教育
——种植饲养劳动篇

种植饲养活动需要幼儿花费一定的时间、精力和体力。种植饲养活动可以促进幼儿的全面发展，令幼儿充满爱心，对世界充满善意和责任感。在照顾动植物的过程中，幼儿了解感知自然科学知识，并能直接地体会到自己的辛勤劳动与动植物生长、生活的关系。

不同年龄班的幼儿在"一起长大—照顾你—你需要"等种植饲养劳动的过程中，激发好奇心和求知欲，增强责任感，树立珍惜劳动成果的意识（表6）。

表6 不同年龄班"种植饲养"劳动教育具体内容列表

劳动教育内容划分	年龄班	生活中的劳动课程线索	具体案例
种植饲养劳动	小班	主题：一起长大 1. 植物发芽记 2. 小动物饲养日记	给小鱼换水 有趣的籽儿 白菜为什么不发芽 播种快乐
	中班	主题：照顾你…… 1. 生病的植物 2. 照顾不同的你 3. 帮你洗澡	和小种子一起长大 植物身份证 我们想照顾植物 小乌龟的水上游乐园
	大班	主题：你需要…… 1. 它们也想有个家 2. 我有好办法	会呼吸的叶子 楼顶小菜园 给植物搭家 解决水源小分队

第一节　小班"种植饲养"劳动教育实践案例

案例一：给小鱼换水

东东和元元来到了自然角。元元拿起小水壶给小花浇水，东东则看向了一旁的塑料鱼缸，东东说："鱼缸好脏，该换水了。"说完就去搬鱼缸。东东试了一下，没有搬起来。他走到元元身边，对元元说："你能和我一起搬鱼缸吗？我搬不动。"元元点点头。就这样，两个人小心翼翼地端着鱼缸往盥洗室走去，东东还说："小心点，别吓着小鱼。"元元也说："小鱼，别怕，我们给你换个干净的家。"正当他们准备换水的时候，老师说："养小鱼得用晒过的自来水，可以用水盆里的水。"说着老师就把晒好的水拿给元元和东东。元元说："谢谢老师。"于是，他们将鱼缸端到水池边，一边用手托着鱼缸底部，一边将水往外倒。倒着倒着，东东说："小鱼快出来了。"元元说："快把鱼缸放下吧。"他们急匆匆地将鱼缸放到了地上。东东说："怎么办啊？要不我们先把小鱼捞出来吧。"元元说："用什么捞呀？"东东看了看四周，找到小网捞后，说："就用这个吧。"

随后，东东用小网捞把小鱼一条一条地从鱼缸里捞到盆里，嘴里还说着："小鱼，你别怕。"但是小网捞一伸进鱼缸里，小鱼就四处游动。东东捞了好几下都没能捞出小鱼。元元说："我来试试吧，要慢一点。"只见元元慢慢地将小网捞伸到鱼缸里，并慢慢晃动小网捞，很顺利地就把小鱼捞上来了。

接下来，东东和元元打开水龙头，想借助水流的冲力清洗鱼缸底部的脏东西。实践后发现，用水冲还是洗不干净，于是元元便把手伸进了鱼缸里，用自己的手指肚一点一点地清洗鱼缸的内壁，最后还用手在鱼缸里转了一个圈，检查自己是不是把鱼缸的每个地方都清洗干净了（图15）。随后，元元又用水把鱼缸冲了一遍，说："终于干净啦！"东东听到后说："那把小鱼捞回去吧。"就这样，他们成功地给小鱼换了水。

游戏分享的时候，元元拉着老师说："老师，您看，小鱼有干净的家了！"老师说："好亮啊，水也干净了。"东东说："是我们两个一起给小鱼换的水。"

图 15

老师说："谢谢你们给了小鱼一个干净的家。"元元说："我们喜欢小鱼，我们会一直照顾它的。"老师说："以前你们总会喂小鱼，现在还能给小鱼换水了，小鱼一定能感受到这份爱。"东东说："我们以后还要给小鱼换水。"

（案例提供教师：张悦）

教育者的思考：

幼儿天生喜欢动植物，在种植饲养活动中，幼儿不仅能与自然亲密接触，在亲身实践中感受劳动的乐趣，而且增强了责任感、观察能力和动手能力。

东东发现鱼缸很脏，出于对小鱼的关心，他产生了给小鱼换水的愿望，可见东东非常具有劳动热情。在东东邀请元元一起搬鱼缸的时候，元元愿意提供帮助并积极参与，同伴之间的互动和合作增强了他们的劳动能力。在搬运鱼缸的过程中，幼儿会考虑到小鱼的感受，还与小鱼进行对话，可见他们十分有爱心。

在给小鱼换水的时候，幼儿也在积极思考，当发现倒水时小鱼也很有可能会跟着一起出来的时候，东东和元元及时调整策略，将小鱼先转移到适宜的容器中。观察小鱼、搬运鱼缸、倒水、正确使用鱼网捞鱼、清洗鱼缸，这些操作步骤对小班幼儿来说并不容易，但是他们勇敢尝试，展现出了很强的责任心和不怕困难的良好品质，在此过程中也发展了精细动作，学会了清洗鱼缸的方法。尤其是在清洗鱼缸的时候，元元先用手指肚清洗鱼缸内壁，接着检查整个鱼缸的里面，再用水冲洗，体现出她做事很有逻辑性。

在顺利换水后，幼儿看到小鱼有了干净的家，感受到了劳动带来的成就感。同时，老师的肯定与鼓励也激发了幼儿的劳动热情，增强了他们对劳动的热爱，促使他们更愿意参与到其他劳动活动中去。

案例二：有趣的籽儿

在今天的吃加餐环节，囡囡拿着葡萄说："我的葡萄里为什么会有籽儿呢？"一时间，这个问题引起了班级中其他幼儿的兴趣，他们开始讨论起来："葡萄里的籽儿就是它的种子""没有籽儿就没有葡萄吃了""是农民伯伯把籽儿放进了葡萄的肚子里"。

在接下来的几天，总能听到幼儿围绕"籽儿"这一话题进行讨论交流："葡萄里有籽儿""蓝莓里没有籽儿""杏里面的果核是籽儿吗"。于是，班级开启了一场关于"籽儿"的探秘旅程，老师还鼓励幼儿和爸爸妈妈一起在家里找"籽儿"，把自己的发现带到幼儿园和小朋友们分享。

这天，窦窦妈妈发来了窦窦在家观察黄豆芽的视频。原来，窦窦和妈妈在家找种子的时候发现了一些黄豆，妈妈告诉窦窦："你发现的籽儿其实就是种子。黄豆也是种子。"窦窦产生了疑惑："那黄豆会发芽吗？"带着这份好奇，妈妈和窦窦将黄豆种在盒子里。窦窦每天回家后的第一件事就是观察黄豆有没有变化。妈妈用手机记录下了窦窦观察的过程。窦窦妈妈也和老师分享了窦窦在家发生的小故事：因为幼儿园最近在开展种子月活动，窦窦回家后和妈妈提出，也非常想在家种下种子，于是又种下了绿豆种子（图16）。妈妈对窦窦说："绿豆也是种子，可以发芽，不如我们一起做个实验吧。"一开始，他们把绿豆放在潮湿的纸上，窦窦还不能理解。过了几天，窦窦发现绿豆冒出了一点芽，他很兴奋又觉得很神奇，小心地捧着观察并追问妈妈：豆芽每天都会长高吗？为什么长出的芽会立起来？豆芽越长越高，还长出了根，窦窦和妈妈一起给绿豆芽换了个大盒子。直到大盒子都被装满了，他们一起采摘了豆芽。当天晚上，家里就用豆芽做了好吃的豆芽汤，窦窦喝了以后，睁大眼睛大声地说："豆芽汤真好喝，这是我和妈妈一起种的豆芽。我还想种豆芽。"

图16

听完窦窦在家和妈妈一起种豆子的故事，老师问窦窦："和妈妈一起种豆子，你有什么感受啊？听妈妈说，每次奶奶炒豆芽时，你都会问是不是自己种出来的豆芽。"窦窦笑着说："我觉得很开心，我们自己种的豆芽特别好吃，因为我经常去看它、照顾它，它才能长得这么好。"

（案例提供教师：张佳蕙）

教育者的思考：

在日常生活中，幼儿对周围的事物充满了好奇，就像囡囡对葡萄里的籽儿产生疑问一样，这种好奇心是幼儿探索世界的动力源泉。幼儿围绕"籽儿"展开的热烈讨论，反映出他们对植物的浓厚兴趣。

窦窦每天观察豆芽的变化，这种持续关注体现了他对劳动的热爱。在亲手参与培育豆芽的过程中，他的观察能力、耐心和责任感得到了提升。他不仅学会了照顾植物，而且更加理解生命的成长过程。

窦窦觉得用和妈妈一起种的豆芽做的豆芽汤好喝，并且每当看到奶奶炒豆芽时都会问是不是自己种出来的豆芽，从中可以看出他从种植活动中收获了满满的成就感，这源于他在劳动过程中的深度参与和情感投入。因为从种植黄豆开始，经历了发芽、生长、采摘的全过程，每一个环节都凝聚了他的付出和努力。窦窦妈妈记录他参与种植活动的过程，能够加深幼儿对劳动的兴趣和意愿，有助于幼儿形成稳固的劳动习惯。

第二节　中班"种植饲养"劳动教育实践案例

案例一：和小种子一起长大

新学期开始后的一天上午，幼儿坐在一起开始了一场热烈的讨论，大家纷纷表达想在班级植物角种植花、蔬菜和小豆子的愿望。每个小朋友都带来了自己心爱的植物，植物角成了小朋友的"绿色乐园"，桌上、窗边、地面上，都是幼儿亲手种下的小植物，充满生机。

幼儿还会选择喜欢的种植盆种下小种子，恩恩特别喜欢她种下的小豆子。有一次，午睡后散步的时候，恩恩总是忍不住去看看，手里还拿着水壶为它们浇水。好朋友妞妞看到后，走到她身边，关心地问："小种子渴了吗？"恩恩点了点头，笑着说："对呀，小种子也要喝水，和我们一样。"恩恩用水壶给其他植物也浇上水，妞妞好奇地问："你怎么知道要浇水了？"恩恩自信地回答："你看土的颜色呀，我爷爷在家浇水就是看土的颜色，浇过水的土黑黑的，没有浇水的土不黑。"妞妞听了之后，若有所思，问道："可是我看不出来怎么办？"恩恩想了想说："用手摸摸土，浇过水的土湿湿的。"妞妞立刻试了试，惊喜地发现土壤的变化。

他们在植物角里经过了一阵"触摸感受"的体验后，给需要浇水的植物浇了水。在之后的日子里，恩恩和妞妞总会观察和照顾小种子。就这样，小种子悄悄地长大了，恩恩特别开心地说："快看，小种子长大了，有很多小苗出现了。"妞妞也激动地说："小苗长得真快呀！"恩恩和妞妞的喜悦也传递给了班级的其他小朋友和老师，大家都被吸引过来看小苗。

有一天，可可突然大声说道："你瞧！开花了！"这句话让老师发现幼儿的兴趣，开始查询更多关于植物的资料。于是，老师利用每天的入园环节，向幼儿介绍班里的植物，每个带来植物的小朋友也加入分享。虽然有些问题对小班幼儿来说有些难度，但幼儿的热情和兴趣却高涨不减，纷纷拉着老师一起查询关于植物的资料。比如，孩子们对捕蝇草产生了浓厚的兴趣，纷纷提出捕蝇草是如何捕到小虫子的、多久浇一次水、是否需要晒太阳等问题。幼儿还会回到家和家人一起翻阅图书、查找资料，甚至画出捕蝇草的样子，带到幼儿园与大家分享。

"绣球花今天也喝水了吗？"这是乐乐在喝水时间的问题。通过前期的经验积累，大家一起查阅资料，发现绣球花在夏天可以每天浇一次水。于是，小朋友们在喝水的时候互相提醒，每天为绣球花浇水。他们还会聚在一起观察绣球花的生长情况。不久后，绣球花又开出了一簇新的小花苗，孩子们都开心地欢呼雀跃。然而，经过一个周末，幼儿惊讶地发现绣球花的一簇花变黄了。大家开始猜测原因，有的小朋友说是因为两天没浇水；有的说是因为没有晒太阳；还有的说是因为我们老去摸。经过一番观察和探索，大家确认是因为周末两天没有浇水，绣球花缺水了，于是开始寻找方法来给绣球花提供水分。多多发现另一盆花的花盆边垂着一条棉纸，棉纸的另一头连着一盆水，他摸了摸吸水棉纸后惊喜地说："你们看，这样放棉纸，花开得很好。"大家被多多的发现吸引过来。于是多多灵机一动，模仿那盆花的样子，在绣球花旁边放了一盆水，然后拿来一张棉纸，把棉纸的两边分别插进了水和泥土中。小朋友们都围上来，期待着这个小实验的结果。随着时间的推移，大家惊喜地发现，绣球花的状态逐渐好转，花朵重新焕发了生机。老师陪伴着幼儿经历了这个过程，看到绣球花逐渐变好，询问了幼儿的感受，多多激动地说："我很喜欢绣球花，希望绣球花越开越大，我要继续照顾它。"恩恩说："我也会继续给小豆苗浇水的，我要和它们一起长大。"妞妞说："妈妈告诉我照顾植物要有耐心，我每天都要看看它们，给它们浇水、晒太阳。"就这样，越来越多的小朋友表达了照顾植物、关爱植物的想法，班级中爱的氛围滋养着每一个人。

（案例提供教师：蔡梦雨）

教育者的思考：

幼儿在每天的生活中慢慢感受与发现身边的植物的生长状态。在这些日子里，他们产生对如何照顾植物的思考，主动观察植物的生长变化，尝试照顾植物，比如会观察小种子的生长变化，迁移生活经验观察土壤状态，当绣球花变黄时会积极思考并寻求解决方法。

幼儿在照顾植物的过程中逐渐感知与理解植物所需要的生长环境。看到苗壮生长的植物，幼儿的心中涌起一阵自豪感。照顾植物离不开长期的观察，这就需要更多的耐心、精力和时间。幼儿从一开始产生种植小豆子的兴趣，到发现花变黄时调动前期经验进行原因猜想，再到实际观察模仿照顾方法，这个过程看似简单，却体现出幼儿对照顾植物的持之以恒。

幼儿的兴趣并不是一时的，而是在一次次观察、发现的成就感中不断增强起来的，仿佛在这片绿色的天地里种下了他们对未来的希望。幼儿在此过程中产生丰富的情感体验与不怕苦不怕累的品质。

案例二：小乌龟的水上游乐园

班级中的小乌龟因多次"出逃"引发幼儿的关注，他们观察到小乌龟总试图攀爬出饲养箱。洋洋提出："是不是小乌龟的家太小了？"晴晴说："是不是小乌龟觉得箱子里没意思？"六六说："可能小乌龟想出来找我们一起玩吧。"经过了一段时间的关注，幼儿开始为小乌龟建造一个水上游乐园。

洋洋拿来了一堆积木和纸板，在小乌龟的箱子旁边搭起来（图17），他一边搭一边说道："我要搭一个大大的滑梯，让小乌龟从上面滑下来，它一定会很开心。"晴晴也把乐高拿了过来，说："我插个时空隧道，小乌龟钻过去也会很开心。"就这样，每天幼儿都会收集很多材料，如纸筒、乐高、积木、纸盒、纸板等材料，搭建属于小乌龟的"游乐园"。

随着大家的努力，小乌龟的"水上游乐园"初见雏形，有用积木建构的滑梯、用卫生纸筒连接的时空隧道，还有用纸盒拼接的迷宫。洋洋说："我搭的滑梯，小乌龟肯定很喜欢。"说着洋洋就拿起小乌龟放在滑梯上。可是，小乌龟却一动不动，还缩进了壳儿里。洋洋好奇地说："小乌龟怎么不动呀？"身边的晴晴说："是不是小乌龟害怕了？"洋洋说："可能是刚到乐园里，小乌龟还不熟悉，那我们等一等。"就这样过了两天，小乌龟还是没有在水上乐园里玩，

图 17

可把他们急坏了。老师看出了他们的困惑，问："是不是遇到什么问题了？"洋洋很快回答："我们搭的游乐项目，小乌龟都不玩。"老师继续问："你们觉得这是为什么呢？"洋洋想了想没有回答，看向晴晴，晴晴说："我也不知道，但是我们设计的水上游乐项目小乌龟都不玩，它是不是不喜欢呀？"文文说："可能小乌龟真的不喜欢，那我们去查查小乌龟喜欢什么吧。"洋洋和晴晴都使劲点头，老师也说道："好啊，那就先查查。"经过一番查找后，他们开始调整，重新建设小乌龟的水上乐园。这一次，在建造完成后，文文轻轻地把小乌龟放在乐园里，只见小乌龟先是爬到有阳光的位置抬头眯眼，然后在放着石子的湿地上散步。这一刻，洋洋激动地叫着："小乌龟爬了，小乌龟喜欢这个乐园！"身边的同伴也都聚集过来，看着小乌龟在里面散步。随后的几天里，原本一直躲在角落里的小乌龟开始在新的游乐园里爬来爬去了。晴晴对身边的同伴说："看来小乌龟十分喜欢晒太阳，你看它玩得多开心啊。"文文也高兴地说："小乌龟喜欢这里的阳光和湿湿的石子路。"老师看到开心的幼儿，说："看来你们的新调整有效果了，你们是怎么做的呢？"洋洋说："我们是按照小乌龟喜欢的生活环境来设计的。"晴晴说："是呀，我们要建造小乌龟喜欢的水上乐园。"

集体分享时，小朋友们围坐在一起分享这份喜悦。洋洋说："我们之前用积木搭过滑梯，用纸筒做过隧道，还用纸盒设计了迷宫，小乌龟都不喜欢。"晴晴补充说："没错，我们不能按照自己的喜好设计，要小乌龟喜欢才行。"小朋友听后问："怎么知道小乌龟喜欢什么呢？"文文说："可以观察小乌龟的行动，还可以选择适合小乌龟的生活场地。"小朋友点点头，说："我也想和你们一起给小乌龟建造乐园。"文文听后高兴地说："好呀，一起来做小乌龟喜欢的乐园吧。"此后，关于小乌龟的话题越来越受欢迎，大家都在关心小乌龟。

（案例提供教师：刘宁）

教育者的思考：

在日常生活中，幼儿对身边的动植物充满着好奇心与观察兴趣。幼儿看到乌龟"出逃"，开始思考小乌龟的生活需求，进而想给小乌龟建造水上游乐园，展现出他们对照顾小乌龟的兴趣以及责任感。

幼儿在最开始设计小乌龟的水上游乐园时，依照自己的想法自发收集各种材料带到班级中，通过材料的相互组合完成水上游乐园的搭建，展现了幼儿对于照顾小乌龟的劳动热情。

当洋洋充满信心地向大家展示小乌龟的水上乐园，但小乌龟在乐园里一动不动时，幼儿和教师共同探讨其中的原因。后来，幼儿多次调整小乌龟的水上乐园，终于让小乌龟认可了这个生活环境。幼儿在遇到不了解小乌龟喜好的问题时，能够尝试利用多种方式收集相关信息，并及时做出调整。

在相互分享时，幼儿语言清晰地表达自己的建造过程以及调整原因。教师只是为幼儿提供思路，支持并肯定幼儿的行动，也促使越来越多的幼儿意识到照顾小乌龟就应该更多地去了解它。这种经验的分享，不仅让幼儿丰富了照顾小乌龟的经验，而且增进了同伴之间的友谊。这样的经历无疑将成为他们成长过程中宝贵的财富，激励他们继续关注和保护身边的生命与环境。

第三节　大班"种植饲养"劳动教育实践案例

案例一：会呼吸的叶子

一天，几名幼儿看到王老师在给植物擦叶子，便问道："老师，您为什么要给植物擦叶子啊？"老师说："因为下雨时没有关窗户，叶子上有很多泥点，这样会导致叶子无法呼吸。"小石头好奇地问："叶子也会呼吸吗？"老师回答："当然，你们可以去查一查。"幼儿通过查阅资料了解到叶子的光合作用，引发了对叶子的持续好奇与观察。在一次观察中，小石头发现叶子尖是黄色的，通过与家人的调查，了解到这样的叶子是营养不足、水分不够了。小石头将调查结果介绍给同伴，大家决定照顾班级中的植物。他们找到清水盆，接好水，将布放在盆中浸湿，然后拧干，再叠成小方块，开始擦叶子行动。

　　一开始，小石头用蘸湿的布在每一片叶子上都擦一遍，让每一片叶子都蘸到布上的水（图18）。突然，小石头看到叶子上出现了裂痕，他向身边的小朋友求助："欣欣你看，我擦的这片叶子是不是裂开了？"欣欣过来低头看，说："好像是，中间叶脉出现了裂缝。"小石头听后，睁大眼睛又看了看叶子，急切地问："怎么办呢？"欣欣拍了拍小石头的肩膀，安慰着说："小石头别担心，我们一起问问吧。"小石头说："好啊，那问谁呢？"欣欣说："我看到过保洁阿姨照顾幼儿园里的植物，我们可以去问问。"说着，他们轻轻端起花盆找到保洁阿姨，阿姨安慰着说："小石头别伤心，这种情况可能是由于浇水过少或者环境过于干燥，也可能是擦叶子的时候用力过猛，叶子受伤了。"小石头追问："那叶子会死掉吗？"阿姨说："需要再观察看看，可以试试每天多浇一些水，放在没有太阳的地方。"小石头回答："我会好好照顾它的。"阿姨点点说："相信你一定能照顾好的，记得擦叶子时要轻轻地。"小石头用力地点点头。

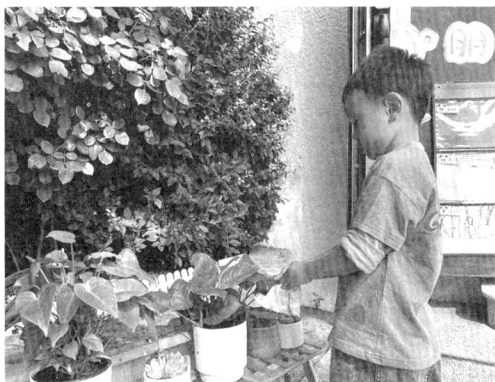

图18

　　就这样，他每天都关注叶子的生长情况，每天按时浇水，擦叶子的时候也格外小心。一旁的沐阳被吸引过来，说："小石头，你擦叶子的动作可真轻，叶子真干净呀！"小石头说："是呀，你看我一只手托着，另一只手从叶子根部向外沿轻轻地、慢慢地擦，这样就不会让小叶子受伤了。"沐阳说："这方法真不错，我也来试试。"听到好朋友们的对话后，博宇说："可以用毛笔扫叶子上的土。"君君说："可以用小一点的布擦小叶子，大一些的布擦大叶子。"一鸣说："海绵也可以擦叶子，海绵能吸水，擦叶子时能够一直保持湿润。"就这样，很多小朋友都交流起照顾叶子的好方法。

（案例提供教师：丁冠男）

教育者的思考：

幼儿对老师擦叶子的行为产生好奇，在教师的鼓励下通过查阅资料，了解到叶子需要进行光合作用来获取部分营养，这也是植物在呼吸。在主动了解植物生长习性的同时，幼儿也有了呵护植物的想法与愿望，自此，幼儿开始主动擦叶子。在此过程中发现了有的叶子颜色深浅不同，意识到植物生长的不易，萌发出照顾发黄叶子的想法，并和同伴一起约定照顾它们，从中展现出对生命的尊重和关心。

当小石头观察到叶子出现裂缝时，出现了着急、难过的情绪，可以看出幼儿对叶子的关心是发自内心的，是认真负责的。当遇到疑惑不解的问题时，欣欣结合日常对保洁阿姨的关注，主动从阿姨这里寻找解惑的答案，这是幼儿主动想办法解决问题的过程。阿姨的建议帮助幼儿理解小叶子需要的照顾方法。幼儿接受了阿姨的建议，并积极尝试轻轻擦的方法。小石头一只手托着叶子，另一只手拿着布从叶子的根部向外沿慢慢、轻轻擦拭，不仅体现出动作的协调性，而且体现出他们逐渐熟悉并掌握照顾植物、护理小叶子的方法。

幼儿在相互交流中，分享用多种工具照顾叶子的经验，将叶子的大小特点与工具的功能适用性建立连接，这种自主的选择让幼儿感到很有趣，也更有动力去尝试和探索，体现出强烈的劳动情感以及对劳动工具的熟悉。同伴之间相互学习的过程培养了幼儿的倾听能力、语言表达能力和理解能力。在看到自己的劳动成果后，幼儿既获得了满足感，又强化了参与劳动的内在动机。

案例二：解决水源小分队

一天，到了给蔬菜苗浇水的时间，各小组负责浇水的小朋友拿着小水壶去给蔬菜苗浇水。因为小水壶很小，每个组又负责三块地，所以出现了一块地还没浇完，小水壶里的水就没有了的现象。想要让蔬菜苗喝饱水，就需要浇水的小朋友一趟趟地去接水，但是接水的地方离蔬菜苗又有一段距离，来回来去需要不少时间。于是小朋友们就这个问题展开了讨论。

南南第一个发言，脸上写满了无奈："小水壶太小了，老得去接水，太麻烦了。"满满眼里闪烁着希望的光芒说："要是能在边上安个水龙头就好了。"在一旁思考的熙熙说："老师，可不可以拿个管子去浇水？"老师微微一笑说："班里有管子。但管子得接水龙头才能用，咱们去哪里接水龙头呢？"熙熙指了指小班，说："离我们蔬菜苗最近的地方是小班，我们可以去问问小班的老师能不能用一下他们班的水龙头。""你这个想法很好，咱们可以去试一试。"老师鼓励他们。大家顿时充满期待。

于是，小朋友们回到教室，带上了水管，满怀期待地向小班出发。他们敲响了小班的门。小班老师热情地接待了他们，并同意他们使用水龙头。小朋友们兴奋地将水管接到水龙头上，然而，管子太细，根本接不上。"接管子这个想法行不通了，咱们想想其他办法。"老师说。越越想了想，提议道："要是能换个大点的水桶也行。"熙熙则在旁边补充道:"这里有个塑料瓶可以用。"越越摇摇头说:"这个也小,装不了多少水。"小朋友想起保洁阿姨有个大水桶,于是向保洁阿姨借来用。

水桶装满了水,大家欢呼雀跃。然而,问题又来了,因为水太多、太沉,根本无法运送。南南提议说:"我们可以骑小车,用小车拉水呀!"越越提问:"那我们怎么把水抬到车上呢?"大家一时间陷入了沉思。熙熙思考了一会儿,突然大声说道:"哎呀,简单! 我们先把水桶放到车上,然后用我们的管子接水。""对! 这样就可以了!"满满兴奋地说。于是他们又找来一个水桶,先将水桶放在小车上,然后把水管接上水龙头,打开水后慢慢等待水桶装满水(图19)。

在运送的过程中,南南骑车,满满和熙熙掀帘子,越越扶着水桶,保持稳定(图20)。接下来,他们又找来几个水杯,从桶里舀水给蔬菜苗浇水,大家努力地将水送到每一块地。通过共同合作,大家最终完成了给蔬菜苗浇水的任务。

图19

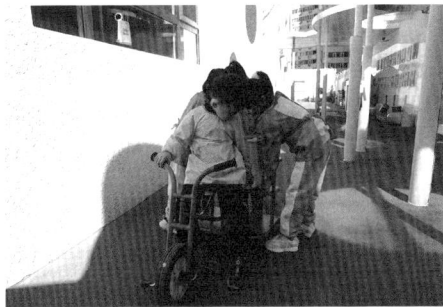

图20

浇水的时候,他们还不忘观察蔬菜苗的生长情况,有的小朋友发现苗长得特别快,兴奋得跳了起来。"看。我们的蔬菜苗都喝饱水了!"南南欢呼着。"真是太好了! 我们一起努力,真有成就感!"满满也开心地说。经过一番努力,蔬菜苗终于得到了充足的水分,大家都感到无比自豪。老师看到幼儿的表现,脸上露出了欣慰的笑容:"你们真棒! 通过合作解决了浇水的问题,这就是团结的力量!"满满说:"我们一起团结合作完成了一个大大的任务!"越越笑着说:"是呀,一起想办法就能解决大问题! 下次,我还要和大家一起合作,一起浇水真快乐。"在欢声笑语中,幼儿将小车、水桶、水管等材料逐一送回原位。回到教室,他们也一边洗手、喝水一边聊着这次难忘的经历。

(案例提供教师:赵莹)

教育者的思考:

在生活中,当幼儿对植物的关注兴趣逐渐增强时,发自内心的关爱与照顾就会油然而生。案例中的幼儿已产生对蔬菜的照顾之情，与同伴在日常生活中有计划地分小组照顾植物。虽然遇到了实际困难，比如受到小水壶的水量限制，他们只能一次次往返于接水的路途中，但是可贵的是，幼儿放弃重复性的基础方法，不断提出想法并积极尝试，最终找到了更便捷、更轻松的运水方法。从中可以看出幼儿的创新意识和能力，在创新方法的时候形成了与人友好交往、相互合作的联系。新方法的成功尝试带给他们成就感，获得了劳动的价值体验。

幼儿亲身经历了从讨论、实践到不断调整的全过程。南南的发言体现了面对困难时的无奈和渴望改变现状的心情。满满提出的水龙头想法则展示了创新思维。熙熙的提议进一步推动了讨论的深入，幼儿开始积极思考解决方案。老师在这个过程中起到了鼓励和支持的作用，支持幼儿从一个思路转向另一个思路。过程中，尽管经历了想法未能实现的困境，但他们仍然保持积极的态度。

南南提出使用小车运水，越越的提问引发大家的思考，熙熙的想法帮大家打开了思路，他们重新找来一个水桶，调整了做事的顺序，先把水桶放在车上再接水，这不仅发展了他们的逻辑思维能力和问题解决能力，而且展现出了团队意识和合作能力。整个过程充满欢声笑语，说明幼儿在面对困难时的乐观态度和坚韧不拔的精神。他们成功地将水送到了每一块地，看到蔬菜苗苗壮成长，心中充满了成就感和自豪感。

老师的积极回应进一步增强了幼儿的自信心，激励幼儿在面对挑战时创新思维方式。这样的经历对幼儿的成长有着积极的影响，培养了幼儿的创造力、沟通能力和团队协作能力，相信对未来的学习与发展都具有良性驱动。

第八章 生活中的劳动教育
——手工制作劳动篇

　　劳动不仅仅是人满足生存的必要手段，更是体现人的本质力量的生命活动。人们在劳动中创造生活，感受生活的美好，积极的生活态度与辛勤的劳动密不可分。在日常生活中，幼儿的小手不仅能照顾自己、照顾他人，还能创造生活中的美好。

不同年龄班的幼儿在"小手传递爱—生活惊喜—创造美好生活"等手工制作劳动的过程中，体会到劳动的积极情感，在与他人、与环境的互动中感受到劳动给自己或他人生活带来的变化，有利于形成正确的劳动观念和热爱劳动的情感（表7）。

表7 不同年龄班"手工制作"劳动教育具体内容列表

劳动教育内容划分	年龄班	生活中的劳动课程线索	具体案例
手工制作劳动	小班	主题：小手传递爱 1. 送给你们 2. 我喜欢	做鞭炮 彩泥生肖 给老师画像 给妈妈做礼物
	中班	主题：生活惊喜 1. 我能做 2. 生活中的必需品	清凉扇 拼插纸巾盒 有趣的扎染 风筝制作
	大班	主题：创造美好生活 1. 我需要 2. 他们的需要	搭凉棚 定制玩具柜 私人订制表演服装与发圈 时光纪念册

第一节 小班"手工制作"劳动教育实践案例

案例一：做鞭炮

为了迎接新年活动，小朋友们都想把教室装扮得更喜庆一些。室内游戏时，几个小朋友凑在一起，拿着姐姐带来的红色拉花交谈起来："这个可以挂在教室上面，很喜庆。"小元拿起一串红色的鞭炮，说："红色的鞭炮应该挂在门口，我家就挂了一串，妈妈说在门口挂鞭炮可以驱走年兽，这是习俗。"一时间，他们对什么是年兽，怎样挂拉花和鞭炮展开了讨论。最后他们想要付诸行动，把拉花和鞭炮挂起来。看了看房顶和门框的高度，姐姐说："这个还是得老师帮忙挂，我们够不到。"老师按照他们的意见把拉花和鞭炮挂起来，结果拉花挂到一半就没有了，鞭炮也只有一串，只挂在了门的一侧，这怎么办呢？

小元说："我们可以自己做一串鞭炮挂在门的另一侧。"大家都表示同意。于是他们遇到了第一个问题：怎样做鞭炮。姐姐观察到鞭炮的形状都是圆柱形的，她说："我们可以找到圆柱形的东西，把它涂成红色，就很像上面的鞭炮了。"小元说："也可以用红色的纸包起来。"于是，他们开始在教室里寻找圆柱形的物品，姐姐找到了露露桶，小元找到了纸芯桶。

姐姐拿来红色的蜡笔在露露桶上面涂起来，可是她涂了半天，发现露露桶上的颜色不深，还容易被蹭掉。老师看到后问："你发现了什么？"她说："这个笔涂不上。"老师又问："你觉得是什么原因呢？"姐姐说："这个笔涂在上面太滑了。"老师说："那你想怎么做？"姐姐转身去拿了红色水彩笔，继续在上面涂。开始时，她发现红色水彩笔很好用，能够涂在露露桶上，但是，当和前面涂过的蜡笔道重合时，又出现了涂不上的现象，而且手一碰到涂过的地方，颜色就被蹭掉了。她对老师说："水彩笔也涂不上。"老师看看说："你还用过其他的涂色材料吗？"这次，姐姐选择了红色颜料来涂色。她先穿好罩衣，一手拿着颜料盘，一手按在颜料瓶的压嘴上面使劲地向下按，颜料瓶有些摇晃，但还是挤出了一些颜料。姐姐感觉颜料不够，连续向下按，手部重心比刚才稳定了很多。随后她拿着颜料盘和小排刷来到桌前，一只手拿着露露桶，另一只手拿起排刷蘸颜料，开始涂颜色（图21）。很快，露露桶被涂满了红色，她高兴地举起来说："我的鞭炮做好了。"老师看到后兴奋地说："好喜庆的鞭炮，你真棒!"妞妞把"鞭炮"放在窗台上准备晾干，这时她发现自己的小手上沾满了红色颜料。老师问："这怎么办?"妞妞说："我去洗一洗，一会儿还要做更多的'鞭炮'，这个还不够串成一串。"老师说："好的，下次涂颜料的时候可以先戴上小手套，这样小手就不会被弄脏了。"

图21

今天的游戏时间，妞妞做了三个"鞭炮"，在分享时她对老师说："我今天特别高兴，做了三个'鞭炮'，以后我每天都做一些，很快就能串成一串，挂在班门口了。"老师说："是的，我也觉得你很能干。今天在做'鞭炮'时你有什么发现吗?"妞妞想了想说："我发现红色颜料涂出来特别漂亮。"老师说："哦，我发现你今天使用了蜡笔、水彩笔和颜料，你发现哪个更好用?"妞妞说："颜料更好用。"老师问："为什么在露露桶上涂颜色时颜料更好用?"妞妞说："因为露露桶太滑了。"老师说："今天你有了这样的新发现，勇敢地换了三次材料才获得成功，你想对自己说什么?"妞妞说："我真棒!"老师点点头竖起大拇指说："你真棒!"妞妞也点着头笑了起来。

（案例提供教师：王斯瑀）

教育者的思考：

幼儿在日常生活中、游戏中经常会产生手工制作的愿望，这些愿望与他们的生活经验和当前活动密切相关。从案例中我们看到，他们很乐意自己动手实现愿望。虽然从一开始就遇到问题，但他们会借助已有的经验想办法解决。比如通过观察"鞭炮"的形状来选择班级中相似的材料进行制作。

妞妞在制作"鞭炮"的过程中，遇到了以前没遇到过的问题，她不断调整材料，最终发现颜料最适合在露露桶上涂色。

姐姐在动手操作的过程中很有逻辑性，在涂颜色时，她一只手拿着小排刷，一只手拿着露露罐，相互配合涂色，可以看到她左右手的协调性发展较好，做事有方法、有顺序。从刚开始按压嘴瓶手部重心不稳，瓶子摇摇晃晃，到最后成功挤出颜料，她在整个过程中感知到手部用力方向与压嘴瓶受力之间的关系，并获得成就感。

从这个案例中可以看到，姐姐和老师之间的良性互动对她制作"鞭炮"起到了积极影响。每次姐姐遇到关键问题时，老师总能及时与她交流，启发姐姐进行思考并主动解决问题。这也成为她在手工制作过程中学习和发现的关键点。特别是在游戏后的分享中，教师首先了解姐姐的感受，并表现出认同与赞赏，这使姐姐获得了情感上的满足与支持。同时教师又提出"你发现了什么"的问题，帮助姐姐回顾了手工制作的过程，也将自己观察到的现象与姐姐进行了分享，从而将姐姐对制作结果的满足延伸到对制作过程学习和发展的认可。老师最为巧妙的是问姐姐想对自己说什么，引导她对自己进行自我评价，此时姐姐说出的"我真棒"已不仅是对制作鞭炮成功的满足，也包含了在手工制作过程中她对自己敢于尝试、坚持做事、解决问题、获得新经验的认可。这对幼儿参与手工制作的体验感受至关重要。

幼儿随时会因生活、游戏的需要产生劳动的愿望，并愿意主动动手实现愿望。在手工制作的过程中，他们会产生对工具使用方法的探索、对劳动方法的尝试和体验，并获得劳动情感、认知、品质等方面的发展。幼儿对自己动手操作过程的满足与认可，正是他们形成正确的劳动观念、劳动精神的关键。

🫖 案例二：彩泥生肖

在饭后的散步时间，在走到哥哥姐姐班级门口时，田田发现有许多用彩泥制作的十二生肖小动物。田田说："这些是生肖，我都认识。"身边的丫丫说："我也知道，我看过十二生肖的动画片。"田田说："这些是谁做的呢?"老师回答："这些是中班的哥哥姐姐做的，是使用彩泥捏出来的十二生肖。"丫丫说："我好喜欢，我也想做一个放在我们班。"田田："我想和你一起做。"丫丫点了点头。

下午，田田和丫丫寻找彩泥准备制作。只见丫丫先从白色彩泥袋中用一只手拉扯出了拳头大小的彩泥，然后在两只手的交替揉搓下成了一个球，放在了自己面前。接着，丫丫又从彩泥袋里面取出了比之前小一圈的彩泥，再次揉成一个新的小球放在桌子上，之后又揉搓出几个小球放在面前（图22）。在揉搓的时候，丫丫发现小球的大小似乎不太一样，于是就从较大的小球上面揪一点点重新揉进小一点的小球里面，直到所有的小球都变成一样大。随后，丫丫陆续将白色的小球轻轻按在最开始揉成的椭圆形球体的一侧作为小动物的腿，最后将多出的彩泥揉成小球做成了小动物的头。当丫丫将小动物立在桌子上的时候，刚开始还能够立起来，但是逐渐四条腿就弯曲了，站起来的小动物也倒下了。丫丫开始重新尝试，但小动物还是不能一直站立。丫丫疑惑地说："为什么跟哥哥姐姐做得不一样呢？我做的为什么总是倒？"田田说："是不是我们用的彩泥太少了？再多来一些吧。"于是两个人再次尝试，这次两个人不仅给身体加了更多的彩泥，还将腿加大、加粗。当两人再次将小动物立在桌子上的时候，原本直直的腿还是慢慢弯了下去。丫丫看着说："要是能问问哥哥姐姐就好了。"田田说："问一问，没准咱们的生肖也能站起来。"丫丫走到老师旁边说："老师，我想问问哥哥姐姐是怎么让十二生肖站起来的。"老师说："好呀，一起出发问问吧。"丫丫走向哥哥姐姐班，看到班级门口正好有一位姐姐出来摆放新制作的生肖羊。丫丫问："姐姐，我做的那个彩泥生肖站不起来。"姐姐说："你们是用什么做的呢？"丫丫说："姐姐，我们用彩泥，老倒。"姐姐回答："我们也使用彩泥，还有纸杯做的。在纸杯的外面粘上彩泥，然后捏出小羊的样子。"姐姐边回答边指着彩泥里面微微露出的杯子边。丫丫仔细看着姐姐手中的生肖羊，问："姐姐，为什么要用杯子呀？"姐姐说："因为彩泥做的身体太重了，一旦立起来，彩泥下面的位置就会被压倒，这样就站不起来了。用纸杯做身体，里面是什么都没有的，当然就能站起来啦。"丫丫似乎明白了："哦，原来是这样，我知道了。谢谢姐姐。""不客气，你喜欢吗？送给你一个吧！"姐姐回答，并递给丫丫生肖羊。

图 22

丫丫很高兴，快速地回到班里尝试起来。丫丫带回班的生肖羊吸引了田田和其他小朋友的围观。大家都很喜欢用这种方法制作的生肖羊。丫丫说："我知道怎么做了，我也会做出来的。"丫丫一边说一边拿着纸杯模仿姐姐制作的小羊，将彩泥包裹在纸杯的表面，在看不见纸杯后，用彩泥团了一个球，放在最上面作为脑袋，然后又搓出四个泥条固定在身体下方的位置。随后，捏出两个尖尖的角放在最上面。不一会儿，丫丫的生肖羊也做出来了，她大声地说："你们看，我做好了。其实并不是很难，只要身体没有那么重，它的腿就不会弯了，咱们可以再试一试其他的生肖。"田田拍着手说："我明白了，纸杯里面什么都没有，所以就轻。"说完，丫丫带着田田再次尝试起来。

（案例提供教师：崔文懿）

教育者的思考：

幼儿在手工制作、欣赏评价的过程中时常会进行观察和对比，将他人创作的作品与自己制作过程中的问题进行经验上的迁移。在案例中，丫丫和田田都对制作生肖泥塑充满好奇心和探索欲，愿意依照自己的理解进行实践尝试。从外形上的仿造，到组合各个位置的彩泥部件；从猜想为什么站不起来，到实践中的尝试改进；从对哥哥姐姐作品的向往，到亲自去询问哥哥姐姐制作的技巧，丫丫和田田不断寻求问题的解决方法。

丫丫在初始尝试的时候，从对作品大小和外形的感知中进行制作，随后在揉搓过程中结合目测观察不断调整不同位置的彩泥小球的大小。在了解了姐姐的经验之后，丫丫开始进行模仿，在亲自动手实践的过程中，将脑海中的经验进行迁移。丫丫还能够将这份经验再次分享给身边的人，收获动手制作的快乐和成就感。

教师与丫丫的互动促使丫丫在实际行动中去寻求问题的解决方法。对于丫丫的勇敢发问，教师起到了支持与鼓励的作用。教师没有直接提供解决方法和讲解，而是鼓励幼儿尝试自己去寻求答案，在主动学习中有所收获。教师在丫丫后续的分享中也进行了支持，给予幼儿分享的空间和机会。这既是对于丫丫行动的肯定，又为同伴之间提供一次高质量的经验传递。

这一次手工制作劳动促使幼儿的观察能力和认知水平在不同领域之间融合发展，既有自身精细动作的发展，又有对于解决问题方式的寻找，幼儿会因对于更加卓越艺术品质的追求而进行探索与尝试。这其中既有技巧的习得，又有想象力的提升，更有劳动习惯的养成，让幼儿获得劳动情感、品质与习惯方面的发展，加深对动手实践的向往。

第二节　中班"手工制作"劳动教育 实践案例

案例一：拼插纸巾盒

依洋是今天的小值日生。早餐后，依洋提示小朋友们擦嘴、摆碗、收筷子。他看到有两个小朋友在抽纸巾的时候，纸巾包都掉到了地上。依洋捡起地上的纸巾包，看了看又拿起来捏了几下，随后，他对老师说："老师，这包纸巾每次用到最后，都会很容易掉在地上，因为没几张纸了，纸巾包特别轻。"老师说："你有什么好办法吗？"依洋说："我家的纸巾都有纸巾盒，不那么轻，就不会一揪就跑了。"老师说："那我们怎么办呢？"依洋说："我觉得我可以自己做一个。"老师鼓励依洋说："好主意，你去试试吧，希望你能够成功。"

依洋到美工区找了两个盒子，和纸巾包对比了一下，发现盒子太大了，就又把盒子放了回去（图23）。依洋又来到拼插区，他拿起一粒粒五颜六色的塑料拼插玩具看了看说："我可以用这个玩具拼一个纸巾盒。"于是，依洋把一筐塑料拼插玩具放到了桌上，开始拼插。过了很久，依洋终于拼插出一块方方的平板，然后兴奋地把纸巾包拿过来放在刚拼好的平板上，说："大

图 23

小合适。"然后他放下纸巾包，开始从平板的一侧向上拼插，当拼插出一个侧面之后，游戏时间到了。依洋对老师说："没想到拼纸巾盒这么难啊，我待会儿还想继续拼。"老师说："好啊，一会儿我们户外活动后、午睡前，你都可以继续拼，好吗？"依洋点点头，把作品放到架子上，并把"未完成"的小牌子立在了旁边。

户外活动回来后，依洋洗完手、喝过水就迫不及待地来到拼插区，拿出玩具和纸巾盒继续拼。他将其他三个侧面也拼了出来，形成了一个长方体。依洋把纸巾包放进去，发现纸巾盒不够高，于是继续在四周加高了两层，这次和纸巾盒对比后发现合适了，便开始给纸巾盒封顶。封好顶后，依洋却发现纸巾没法取出来。他拿着纸巾盒找到老师说："老师，我给纸巾盒封上了，但是没法抽纸了，现在想给它打开一个口，但是我不知道怎么弄。"老师说："你想请小朋友帮助你吗？"依洋说："好啊。"于是，依洋在分享环节说了自己制作纸巾盒时遇到的困难，鹏宇说："可以拆了重新拼。"依洋有点不太同意这个想法。慧慧说："可以把盖子取下来重新拼，拼的时候留一条缝，我可以帮你。"依洋同意了。于是依洋和慧慧把盖子取了下来，并从盒子的四周起，一圈一圈地给纸巾盒拼顶，中间正好留了一条缝，纸巾就可以从缝里抽出来了。依洋高兴地把纸巾盒放在了开餐桌上。

晚餐时，依洋还是小值日生，当他看见小朋友抽纸巾的时候，纸巾包不会再掉到地上，还有的小朋友拿起纸巾盒说真好看的时候，依洋很高兴，并在整个值日的过程中都面带微笑，热情地提示着小朋友（图24）。

图 24

（案例提供教师：张佳蕙）

教育者的思考：

依洋在当小值日生的过程中，观察到纸巾包容易掉到地上的问题，他没有忽视，而是积极思考。为了让小朋友更好地抽取纸巾，提出可以制作一个纸巾盒来解决问题，展现出主动解决问题的意识和善于观察生活细节的品质。同时，也体现了他对值日生工作认真负责的态度。

在制作过程中，依洋勇于尝试不同的材料。从找盒子对比，到用塑料拼插玩具进行拼插，不怕困难，勇于尝试新的方法来实现目标。制作纸巾盒的过程并不顺利，需要花费很多时间和精力。他先拼插出平板，再拼出一个侧面，即使游戏时间结束也没有放弃，户外活动后继续拼插，这种耐心和坚持是非常可贵的劳动品质。当发现纸巾盒封好顶后无法抽纸时，他听取了慧慧的建议，灵活地调整制作方法，重新拼盖子，说明依洋有自己的想法但也不固执己见，体现了他在劳动过程中的灵活性和合作意识。

案例二：清凉扇

户外游戏时，幼儿出了很多汗，欣欣边擦汗边说："今儿太热了。"身边的小蒲说："因为立夏了，天气会越来越热的。"月月说："那我们在操场上玩也会越来越热，这怎么办？"小花提议："我们可以准备很多扇子，大家玩累的时候可以扇扇风，就不会那么热了。"大家都觉得小花的提议很棒，纷纷同意制作"清凉扇"。

回到班级后，几名小朋友开始在班里寻找制作扇子的材料。小花选取了硬卡纸，她先把纸平放在桌面，然后从长边开始用手比画宽度，紧接着摇摇头，随后走到美工柜，拿出宽胶带看看又放下了。走了一圈之后，小花垂着头回到座位，月月走到小花身边问："小花怎么了？"小花回答道："我想做一把圆形扇子，但是量了量瓶盖、胶带都太小。"月月说："玩具桶的盖大一些，我觉得那个大小应该可以。"说完两个人一起去拿玩具桶的盖，放在纸上后，月月说道："你看是不是很合适？"小花点点头："那你别动，我来用笔描一下。"小花拿着笔，顺着盖子的边开始描起来（图25）。圆圈画好了，小花又拿来剪刀开始剪，剪了两下之后把剪刀放到桌子上，皱起了眉头。月月问："怎么了，小花？"小花回答："这个剪刀剪不动卡纸。"月月想了想，提议道："裁纸刀很锋利，用它来裁厚纸板应该会很快。"于是月月拿来了裁纸刀，同时还拿来了工具手套："小花，把这个手套戴上，因为裁纸刀很锋利，戴上它就安全多了。"说着，两个小朋友回到座位上，先把手套戴了起来。戴好手套的月月扶着纸板的两个角，小花随即拿起裁纸刀，推出一点点刀片立在纸板上，慢慢从黑线的地方划下去，但是划着划着就划到了黑线的外面（图26）。这时，月月轻轻地转动了一下纸板，小花也随之调整了一下刀片的位置，还将身子扭到一边，继续用裁纸刀划纸板，嘴里说着："慢一点，慢一点。"过了一会儿，一个"完美"的圆形扇面就裁好了。小花和月月同时抬起头擦了一把额头上的汗珠，开心地笑了。

图 25

图 26

　　小花和月月将扇子装饰好后，走到老师身边高高地举起扇子说道："老师快看，这是我和月月一起做的清凉扇，扇起来可凉快了！"老师笑着点头说："这把扇子太棒了，你和月月做的时候一定用了很多好办法。""对呀！"小花高兴地说，"因为我们想做个结实一点的，所以选了硬卡纸，但是纸太厚，剪刀剪不动，月月提议用裁纸刀，于是我俩互相帮助，都很小心翼翼。"月月也说道："扶着纸的时候我都不敢喘气，好累啊！"老师好奇地问道："为什么不敢喘气？"月月说："因为怕小花划到手，所以我就使劲扶着纸。"老师点点头："哦，原来是这样，我还看到你们俩在裁扇面的时候总会划出去，后来怎么调整就让扇面变得这么圆？"小花说："因为做的是圆形的扇子，要不停地拐弯，但是我一用力就会划出去，所以我就要慢慢裁，随着黑线不停地变换刀片的位置，随着刀片位置的调整还要调整手的用力方向和身体位置。"月月说："对，我扶着的时候如果太用力，小花就来不及调整位置，所以我也要跟着她不停地转动纸板，这样才不会划出去，还会很安全。"老师点着头："看来你俩一直在配合，那现在扇子做好了有什么感受呢？"小花说："特别开心，因为做扇子的时候月月帮我一起找到了合适的材料，然后我们又一起做了扇子，感觉有好朋友帮助，做起事来就没那么难了。"月月紧接着说："对呀，我们还遇到了很多问题，但是我觉得不怕困难就能想到好办法解决问题。"

　　在分享的时候，小朋友们对小花和月月做的清凉扇特别感兴趣，一边说这把扇子真好看，一边争先恐后地想要拿着来试一试。小花和月月笑得更开心了。欣欣试的时候说："哎呀，这把扇子拿起来好重呀。"小蒲也紧接着试了试："是有些重，而且扇出来的风太小了。"小花拿过扇子前后左右地看了看，说："这是什么原因呢？"月月说："会不会是纸太厚了？"于是两个小朋友拿来班里的扇子对比着，小花说："月月你看，扇子的扇面很薄，但是我这个

119

纸板太厚了，这怎么办？"月月拍着小花的后背说："没关系，那我们明天把这个扇子做个改进，再做一个拿起来更轻便的扇子。"两人说完哈哈地笑了起来。

（案例提供教师：郭月瀛）

教育者的思考：

幼儿通过自身出汗的现象，发现并感受到已经立夏了，所以想到了解暑的好办法——制作扇子，这体现出了幼儿具有通过劳动改善生活环境的意识，知道通过劳动可以解决生活中遇到的实际问题。

小花选择用硬纸板做扇子，这是基于对班级已有材料特性的认知，知道硬纸板具有一定的硬度和稳定性，适合塑形与剪裁。在寻找制作圆形扇子模具、剪裁扇面、制作扇子的过程中，月月逐渐参与到制作扇子的活动中。在这个过程中，月月能够主动发现同伴遇到的问题并提供帮助。最终两人在相互协作中达成共识，共同寻找适宜的工具来画出圆形扇面，这样的协作与分工有助于提高效率，同时培养幼儿的劳动责任感。

小花在裁剪扇面的过程中，发现硬卡纸很厚很硬，在用剪刀剪不动的情况下，月月提出用裁纸刀代替剪刀的解决方案，展示了她在面对问题时能够迅速思考并找到有效解决方法的能力。月月不仅提出了解决方案，还强调了安全措施（戴上手套），这体现了她的自我保护意识。

在裁剪扇面的过程中，她们遇到了总是会划出去的问题，于是两个人迅速调整，小花主要负责使用工具裁剪扇面，她会随时调整刀片的用力方向；月月主要负责按住纸板，配合小花不断调整纸板的方向，避免用力过度或角度不当导致手部受伤或圆形不完整。这一过程体现出两名幼儿都有一定的劳动安全意识，在相互学习和相互合作中，共同探索劳动工具安全适宜的使用方法，并获得新的劳动技能。

扇子制作成功之后，两名幼儿向老师表达了自己做扇子的感受，体现出对劳动成果的珍惜和对劳动过程的重视。在其他小朋友提出建议后，两名幼儿能够认真听取他人提出的意见，认真对比自己制作的扇子与日常扇子的区别，并提出接下来要继续调整，树立了正确的劳动观念和价值观，为未来的学习和生活打下了坚实的基础。

第三节 大班"手工制作"劳动教育实践案例

案例一：搭凉棚

夏天到了，幼儿的户外游戏变得丰富起来。多多在喝水时向小朋友提议："我们一起玩露营野餐的游戏吧？"迪迪回应："好呀，可是天气太热了，怎么露营野餐呢？"多多说："搭一个凉棚，在阴凉下玩。"迪迪说："是个好主意，我们一起搭。"他们在操场上寻找搭凉棚的材料，决定用万能工匠做支撑架和棚顶。迪迪说："我觉得还可以找一些布，因为我和家人在周末露营时用的就是布做的帐篷，在里面特别凉快。"多多说："好呀，那我们把找到的材料都拿到操场上，就在这里搭凉棚。"说完，两个人放下水壶，将需要的材料先后拿到操场上，开始搭凉棚。

一开始，他们用万能工匠搭出凉棚的底托和立柱，将四个立柱的上层连接后，向上组合形成尖的棚顶。但是，凉棚出现了摇晃的现象，多多扶着立柱猜想："是不是立柱不够稳？"迪迪说："我觉得是最下面的支撑不够，所以立柱晃动。"多多观察了四个底托与立柱之间的连接处，决定在最下面底托的位置再连接一层试试，从而形成下方底托与立柱上方拼组之间两层平行的支撑结构。多多尝试后说："这个方法有用，凉棚不晃了。"就这样，初步形成了凉棚架。

接着，用布把凉棚的四面和棚顶全都覆盖起来（图27）。迪迪负责盖布，多多进入凉棚和迪迪配合，让布盖满凉棚。最后，迪迪用泡泡胶把布粘在凉棚架上，形成了一个四方尖顶的凉棚。搭建完成，两个人最先进去感受，多多说："哇，在里面真的不热了。"迪迪说："真想快点儿在这里玩露营野餐的游戏。"身边的小朋友们也被吸引过来，都想进去试一试。一个、两个、三个，不一会儿，凉棚里就进入了5名好奇的小朋友。多多发现："位置不够了，大家都在里面好拥挤。"迪迪说："我们可以再做一个凉棚给大家用。"多多说："也可以把这个凉棚变大呀，大家就可以一起在里面玩野餐露营的游戏了，人多更有趣。"迪迪点头同意。小朋友们都从凉棚里面出来了，并表示想和多多、迪迪一起扩建凉棚。此时，户外游戏结束的音乐响起，小朋友们要回班准备吃午餐了。多多见状，和迪迪商量："一起搭凉棚的人变多了，我们制订一个搭凉棚计划吧，约定好搭建时间，把找到的材料都拿到操场上，再一起搭建大凉棚。"迪迪听后点头同意，并提议："大家要一起制订搭凉棚计划，这样每个人都知道搭建时间和需要的材料。"多多点头表示认同，回班后他们就在班级交流角一起商讨搭凉棚的计划。

图 27

多多和迪迪分享着他们的搭建经验，老师好奇地问："多多、迪迪，怎样做可以搭建出大凉棚呢？"多多说："我们要搭大凉棚，需要收集更多的材料。幼儿园的万能工匠材料还有很多，可以直接从玩具柜里拿过来。可是布不够了，怎么办呢？"迪迪说："那就收集更多的布料吧。"站在一旁的桐桐说："我家有很多布，我听妈妈说过，是我家不使用的沙发布。"欣欣说："我家也有布，还有很多纱巾呢，纱巾是爸爸和我在游乐园里用游戏币换的，也可以拿过来做装饰。"小朋友们你一言我一语，共同出谋划策。老师说："看到你们共同努力，真期待大凉棚的样子。"就这样，多多、迪迪和小朋友们一起确定好收集的材料后，约定在第二天户外游戏时按照计划搭建。

第二天，他们开始行动。大家把收集的材料摆放在操场上，按照计划好的分工，先是一起拼组凉棚架。多多说："凉棚架的最下面需要稳固，才能保证搭建后不晃动。咱们先从最下面的底托开始拼组连接吧。"说完，多多指着计划中画好的凉棚设计图，并比画着凉棚底托的大小。在大家的共同拼组下，一个凉棚底托就完成了。接着，他们在底托上插立柱，并与底层相同的位置做上层的平行连接，大凉棚架结构就成型了。在搭建凉棚顶时，迪迪发现凉棚的范围变大了，做拱形棚顶的材料不够了，迪迪提出："我们可以换一种凉棚顶的样子，向上增加一层短立柱，然后直接把布盖在上面。"身边的小朋友听后，寻找短立柱并插在凉棚架上。多多说："好呀，只要小朋友们都能进去，换一种棚顶的样子也可以。"他们尝试调整凉棚顶的结构，把布盖在整体的凉棚上，最后用泡泡胶把布粘在架子上，用纱巾围在凉棚架的边缘，制作成垂帘的样子，用来美化凉棚。

就这样，一起合作搭建完成的凉棚，吸引了很多小朋友来玩露营野餐的游戏，弟弟妹妹也会到里面乘凉休息。中班的小朋友在体验了凉棚后，情不自禁地说："哥哥姐姐真厉害，好喜欢这个凉棚。"听到弟弟妹妹的夸奖，多多、迪迪和参与搭建的小朋友都开心地笑着，并说："弟弟妹妹喜欢大凉棚，我们也很开心，大家都可以到里面游戏、休息，我们一起爱护凉棚哦。"小朋友们点点头，开心地在凉棚里聊天。

（案例提供教师：李蕊）

教育者的思考：

幼儿在生活中感知到天气热起来，产生制作凉棚的想法。通过劳动实践创造出有趣的游戏和舒适的生活场地。多多和迪迪热爱劳动，他们会围绕搭凉棚思考，选择适宜的材料，观察结构特点等。他们通过调动生活经验创造出喜爱的环境，增进同伴之间共商共谋的主动学习氛围，养成积极的劳动态度与坚持不懈的劳动品质。

教师作为陪伴者和倾听者，用提问启发的方式支持幼儿搭建，并以期待的语气激励幼儿持续探索，形成一种潜在的精神支持力量。幼儿乐想、乐做、乐尝试。大凉棚的成功搭建也受到小朋友们的认可和欢迎，孩子们既收获了劳动成就感，又在手工制作中感受到劳动创造美好生活的真正意义。

案例二：定制玩具柜

在一次饭后散步时，玥玥指着毫无遮挡的户外玩具说："下雨之后，外面的玩具看起来比屋里的要脏很多。"妍妍说："那肯定啊，外面的玩具又没有挡雨的地方。"霖霖说："有时候刮大风的时候还会有土呢。我老看见老师去擦那些玩具。"妍妍提出："不如做一个玩具柜，这样上面就不会有土了，老师也就不用去擦了。"玥玥激动地说："玩具柜要用木头做，咱们又没有木头。"妍妍挥着手扭头说道："没有木头咱们就用别的材料呗。"回到班级之后，玥玥、妍妍和霖霖把想法告诉了老师："老师，我们想给玩具做个玩具柜，这样这些玩具就不会脏了，而且老师们就不用老去擦上面的土了。"老师说："玩具柜这个想法可真不错，那你们想怎么做呢？"玥玥说："我们一开始想用木头，但是我们没有木头，妍妍说用别的材料。"妍妍说："没错，我想到了我们之前经常用纸箱来装美工材料，现在我们还有很多的纸箱，我们可以用纸箱做一个。"老师说："那你们可以试一试。对了，这个玩具柜你们想放在哪里呢？"霖霖说："刚才散步到滑梯的时候，我看到滑梯底下很空，而且滑梯下面平时也不怎么用，我们可以在那里做玩具柜。"老师说："滑梯下面确实是一个好位置，大家到时候可以一起去看看。"

大家到了滑梯旁边之后，霖霖说："你们看，这个地方很合适吧！"玥玥说："这里确实很大，但是这里到底要做多大的玩具柜才能合适呢？"妍妍说："那咱们就得试试了，我先去拿箱子。"霖霖说："箱子要是不合适，不就白试了吗？不如咱们量一下，看看到底有多长。"妍妍说："这个我可以。"说完就走到了滑梯的一侧，两只脚交替向前走直线，走到另一头后说道："一共是 20 步半，用脚就能量出来。"玥玥说："有两步你的脚歪了，肯定不准确。"说完跑回班取来了麻绳，然后让霖霖拉住一头，自己站到另外一头，说道："这个才是真正的长度。"霖霖跑过来跟玥玥说："我们回去之后得赶快剪下来，不然就不准了。"

为了做好玩具柜，几个人拿着测量出来的长度比对着纸箱进行拆解和黏合（图 28）。只见霖霖和玥玥拉着绳子，妍妍戴着手套用小锯子开始锯，霖霖突然说："等一等，这边咱们要做多长啊？"霖霖边说边指着滑梯下"宽"的长度。玥玥说："那咱们就再量一量。"这次，玥玥在霖霖的帮助下再次拉直绳子，找到了整个玩具柜最长的部分。这时候，妍妍则是按照拉直的长度开始继续锯纸箱，上下拉动几下之后，妍妍说："诶呀，我好像锯歪了。"玥玥说："没事儿，你锯的时候看着我们给你拉的绳子，就是直的了。"说完更使劲地拽直手中的绳子。这时候霖霖说：

图 28

"要不我们先沿着这个绳子画上线你再锯，这样就像剪纸一样，有线就会好剪一些。"然后霖霖从班里拿来了笔，让妍妍和玥玥拉住绳子，自己则沿着绳子一直慢慢向下画直线。画完之后，妍妍又开始锯了起来。只见她叉开腿，双手握着锯，身子随着锯的上下慢慢游移，脚则不断退后，眼睛一直盯着画线的部分。伴随着纸箱的掉落，第一块纸箱板材成功完成了。霖霖突然一拍脑袋说："哎呀，咱们还忘了一个，这个长度还不知道呢。"说完用手比量了滑梯下的高度，妍妍说："这有什么难的呢？咱们再量一次。"说完几人又开始了新的测量和裁锯过程。最后，将几块纸箱板材利用热熔胶枪粘在了一起，并为纸箱的外侧加上了防水布来防止雨水渗漏，同时充当了门帘。

在连续几天的制作完成后，妍妍迫不及待地拉着班里的小朋友来看他们的成果并自豪地介绍道："这就是我们的玩具柜，又大又结实，而且恰好能够放进滑梯下面。"玥玥说："没错，而且我们是用绳子量的长度，这样不仅不会变，还很容易就拿走。"霖霖："现在我们可以把户外玩具放进去了，只要最后把布放下来,雨和土就都进不来了。"小朋友听完之后,纷纷围绕着玩具柜参观了起来,还时不时发出"真厉害"的惊叹。

(案例提供教师:吴春梦)

教育者的思考:

大班幼儿在日常生活中已经能够利用手工制作来解决问题,并且可以在解决问题的过程中灵活使用劳动工具创造生活中的美好。在案例中,幼儿偶然间发现户外玩具"脏"的情况,思考了原因,还想到了日常是老师经常维持这些玩具的整洁,想要探究有没有更好的方式来解决这个问题,于是就有了制作玩具柜的想法。此时已经从发现问题、分析原因来到了解决问题上。

在制作玩具柜的想法萌芽的时候,玥玥首先发现材料的问题,几个人并没有立即想出关于材料的解决方法,直到妍妍想到了箱子这一平时就有所储备和使用的材料。在利用箱子制作玩具柜的时候,妍妍想要直接拿来箱子进行尝试,而霖霖则提到测量的概念,此时就涉及对测量工具的使用。起初,妍妍利用脚步丈量,但是被玥玥质疑是否准确,并在此基础上取来了更为适宜的绳子作为工具。此时,对于如何更好地利用劳动工具来解决实际测量的问题,幼儿有较好的经验水平。在使用工具的过程中,霖霖和玥玥相互配合,不仅通过拉直绳子还原真实长度,而且提出对多个方位的长度进行测量与记录。可见,幼儿在熟练使用工具的基础上,还能够灵活地运用工具解决问题。

妍妍操作锯子并不熟练,不断地出现锯偏的情况,针对这一问题,霖霖提出了画线的方法,并提出了剪刀剪纸的比喻。

教师在与幼儿对话的过程中,不仅倾听了幼儿的想法,而且鼓励支持了幼儿想要制作玩具柜的劳动愿望。此时教师也从实际出发,利用对话的方式帮助幼儿打开了初步的劳动设想,这也引发了幼儿接下来进行实地测量的行动。在实践过程中,教师不仅提供了劳动工具和材料,而且提供了劳动工具所匹配的安全保护工具,充分保护了幼儿在实践中的兴趣和安全。

成功制作玩具柜之后,妍妍几人带领着其他人一起来参观,并主动分享制作中的一些巧思和作品的优点。这不仅仅是一种自我评价,同样也是期待他人评价的自信。在妍妍、玥玥、霖霖几人介绍完后,果真收获了他人"真厉害"的高度评价,这将大大增加幼儿继续参与手工制作活动的热情。

总之,幼儿在使用劳动工具、利用手工劳动解决实际问题、劳动评价等方面均有所表现和提升。几人接纳彼此的意见建议,更好地为实现同一个目标而努力。在部分问题的解决过程中,能够借助其他经验和工具的组合创造性地解决现实问题,这也使得幼儿能够进一步掌握新劳动工具的使用方法,提高劳动能力。当面对最终的劳动成果和他人评价时,更能够提升成就感与自信心,促使良好劳动习惯与品质的养成。

第九章　幼儿园劳动教育的延伸

　　家庭教育是幼儿园劳动教育不可或缺的延伸。家庭作为幼儿成长的摇篮，其独特的环境和文化为劳动教育提供了丰富的实践场景和个性化的发展空间。家庭教育应与幼儿园劳动教育的目标相契合，确保教育的连贯性和一致性。通过家园紧密合作，共同构建具有支持性、启发性、互动性的教育环境，激发幼儿热爱劳动的情感，培养幼儿的劳动意识和能力，让劳动教育成为幼儿全面发展的基石。

第一节　家庭劳动教育指导建议

幼儿在家庭的一日生活中有很多重复性的活动，如起床、穿衣服、盥洗等，这些事情看起来很小、很琐碎，因此特别容易被家长忽视。其实一日生活中的劳动教育契机非常丰富，为帮助家长在看似寻常的一日生活中识别并把握教育契机，我们特别制定了《家庭开展劳动教育的指导建议表》（见表8）。

考虑到幼儿和家长要能够同时在家的现实情况，我们把表格中的劳动教育契机主要定位在晨间起床与晚间家庭活动两个时间段，并明确列出不同年龄阶段幼儿应达到的基本水平。此外，表格中还梳理出在日常生活中会出现的不适宜行为，分析行为背后暗含的育儿观念与心态，提出了能让家长直接上手实践的教育建议，帮助家长走出家庭教育的误区，理解劳动教育的价值与意义，提升陪伴的质量，增进亲子关系，促进幼儿全面发展。

表8　家庭开展劳动教育的指导建议表

劳动契机	小　班	中　班	大　班	不适宜行为	给家长的建议
晨间起床	学习自己穿衣服。　在成人帮助下刷牙、洗脸。	能自己穿衣服。　愿意自己挤牙膏、刷牙、洗脸。	愿意尝试自己定闹铃，听闹铃起床。　能抓紧时间穿衣服、洗漱。不赖床、不磨蹭。	象征性地让幼儿做一下，以抓紧时间为目的，帮助幼儿一起做了。　看到幼儿做不好，直接代替做了。　觉得幼儿自己做，成人要费更多话，不如成人帮着做。	坚持每天都鼓励并允许幼儿自己做，并在幼儿做后给予称赞或和他交流一下做事的方法、感受等。

（续）

劳动契机	小　班	中　班	大　班	不适宜行为	给家长的建议
晚间家庭活动	每天在成人的鼓励和提示下，玩完玩具或看完图书能自己放回原处。在成人的鼓励和提示下，每晚睡前愿意自己脱衣服，并放在固定位置。每天吃饭前帮忙摆碗筷。	能坚持自己收放、整理图书、玩具。每晚睡前尝试自己准备床铺。能坚持每天擦一擦自己使用的小桌椅，或是擦一擦家中的茶几、书桌等。学习照顾家里的植物或宠物等。	能坚持每天做一项家务劳动。自己的图书、玩具、物品自己整理收放好。尝试自己洗轻薄的物品，如手绢，学习自己叠衣服等。愿意帮助照顾弟弟或妹妹，能照顾家里的植物或宠物。愿意参与更多的家庭劳动。	常常不经意间帮孩子收拾物品、图书、玩具。以上所列的事情没意识到也应该让幼儿做。会因幼儿做不好而忍不住批评幼儿或终止活动，不让其继续做。认为这些事情都不重要，不该让幼儿做或舍不得让幼儿做。时间充裕时会有耐心鼓励幼儿自己做，但时间紧张时就会代替幼儿做。	这些事情都是可以放手让幼儿做事的机会，要耐心地鼓励并允许幼儿去做。不管做得合不合成人的心意，都能给予赞扬，不否定或打击幼儿的热情。在幼儿遇到困难时，能和幼儿交流或教给他怎样做更好。

第二节　家庭劳动教育案例

教育案例是理论与实践的桥梁，是认知转化为行动的催化剂。为便于家长更好地开展知行合一的家庭教育，我们将实践中经过检验的案例进行了积累与记录。这些案例均源自幼儿真实的生活世界，围绕着提升幼儿的自理能力、劳动意识和家庭责任感展开。

教育案例展示了如何将劳动教育的理念融入家庭日常生活。通过具体的家庭活动培养幼儿的独立性、自主性、计划性以及对劳动的尊重和热爱，不仅符合幼儿身心发展的规律，而且能为他们未来的学习、生活打下坚实的基础。

通过深入研读这些案例，家长不仅能够获得宝贵的教育灵感和启发，思考如何将这些方法和策略应用到自家孩子的教育中，而且能够深入理解劳动教育的内涵与实践路径。

案例一：打卡小达人

（一）案例描述

在开展清明节系列主题活动时，孩子们用自己喜欢的方式表达了对家人的爱意，如绘画、唱歌、做手工。这天，军军兴奋地对老师说："老师，我昨天晚上把家里的地打扫得很干净，妈妈表扬了我。"老师对军军说："你这么厉害呢，都能给家里扫地了。你是怎么想到要给家里扫地的？"军军回答道："因为爸爸妈妈每天上班很辛苦，还要照顾我，很累的，我不想让他们这么辛苦。"老师对军军竖起大拇指："你太棒了，能力所能及地打扫家里的卫生。老师希望你坚持下去，因为你也是家里的小主人。"

老师在近期家访工作时，也通过军军妈妈的讲述，了解到军军在家庭生活中的表现。

军军："老师说我也是家里的小主人，我想把家里打扫得更干净。"

妈妈："军军真是长大了，越来越有责任心了，你想做些什么事情呢？"

军军："我想在家里扫地、洗碗，还想把自己的小内裤洗了，想做好多好多的事情呢。这样妈妈就不会那么辛苦了。"

妈妈："你想怎么做呀？"

军军："我可以制订一个劳动计划。"

妈妈："你想怎么制订？要制订什么样的劳动计划？"

军军："我可以画一个表格，表格的上面画日期，下面画我每天在家里要做的劳动。我今天收拾餐桌了，那我就记在今天的格子里。我每天都要劳动，每天都要打卡。"

妈妈："军军，加油！你一定可以坚持下去的。幼儿园的小朋友肯定都很佩服你。"

（二）案例分析

幼儿园通过清明节系列主题活动，激发了孩子们对家人的爱意，鼓励他们用不同的方式表达这种情感。军军采用参与家庭劳动的方式表达了自己热爱家庭、关爱家人的情感。

当幼儿主动向老师分享自己在家打扫得到了妈妈的表扬的时候，老师对军军在家中的劳动行为给予了正面肯定，积极引导幼儿认识到自己也是家庭的主人，鼓励幼儿坚持为家庭服务，并及时与军军妈妈取得联系。在沟通过程中，老师看到了家长对幼儿在家参与劳动的支持，家长也看到了老师在培养孩子的独立性、计划性、坚持性与责任感。家园之间形成良性互动循环，双方的肯定与鼓励，激发了幼儿的劳动热情，也锻炼了幼儿的坚持性。在不知不觉中，幼儿收获了热爱劳动、坚持劳动的品质，学会了感恩家人，增强了家庭责任感。

（三）指导建议

1. 劳动前——制订计划

（1）做好家庭区域的合理划分，基于幼儿的兴趣，帮助幼儿明确任务目标。引导幼儿依次收整他可以掌握的几个小区域，避免幼儿因看到乱糟糟的区域就产生放弃的想法，拆分工作步骤，可减少幼儿的挫败感，使整理成果更好。

（2）鼓励幼儿从力所能及的小事做起，根据实际情况逐渐增加任务难度。鼓励幼儿尝试新的家务活动，即使一开始可能不太熟练，也要给予耐心的指导和积极的反馈，帮助他们建立自信。

（3）计划中要包含日期、具体任务，大部分区域可以请幼儿绘制，家长可在旁边使用文字批注说明。

2. 劳动中——进行打卡

（1）在幼儿劳动时，要多表扬、多鼓励，使幼儿在有趣的家务劳动中学习劳动技能，感受劳动的乐趣。

（2）心态要放轻松，要有耐心，多陪伴孩子劳动。给予幼儿充分的时间与空间，不催促幼儿，不过多地批评、指导幼儿，为幼儿后续自主复盘反思留有空间。

（3）适当给孩子传授相关的技能或方法，不当甩手掌柜。

3. 劳动后——打卡完成

（1）说一说家人对自己的劳动评价以及自身的劳动评价。

（2）鼓励幼儿在幼儿园和小朋友一起分享自己在家的劳动计划。

（3）鼓励幼儿坚持打卡，和幼儿一起制订打卡目标及对应的奖励。如幼儿期待的小愿望，连续打卡一周可以获得一个小礼物，连续打卡一个月可以请爸爸妈妈陪同到游乐园游玩一次等。

（4）实物奖励与精神奖励并存。幼儿完成劳动的过程也是劳动品质与价值的形成过程，如果一味追求物质奖励，就会失去劳动教育的意义。可以制作一个"劳动成就墙"，记录幼儿完成的每项任务和取得的进步，让他们看到自己的成长。比如，平时可以对孩子说："你为家里做了这么多的事情，家里因为有了你而更加漂亮了，也更加友爱了。"

案例二：自己准备学习用品

（一）案例描述

妈妈："幼儿园送给我们的《让幼儿爱上小学生活的 N 种方法》中提到，我们要一起准备文具，让小朋友自己试一试准备文具、削铅笔等，你可以吗？"

小文："我当然可以，我在幼儿园都是自己的事情自己做。"

妈妈："根据小学的要求，咱们需要准备 8～10 支只削一头的 2H 尖铅笔，贴好姓名贴，盖好笔帽；一块没有卡通图案、没有香味的橡皮；一把长 15 厘米左右，一边是直线，一边是波浪线的尺子。我们要怎样准备？"

小文："妈妈，我有橡皮，但是上面画着小狗。"

妈妈："那怎么办啊？"

小文："去超市买吧。"

妈妈："好啊，老师也说让你们自己试一试，咱们去超市吧！平时都是妈妈帮你买回来，今天带你一起去，你自己挑选吧。那我们都需要买什么呢？"

小文高兴地拍起双手："要买好多！"

妈妈："要买这么多东西，你不会忘了吧？"

小文："我先做个计划，这样就不会忘了。"

来到超市，小文按照购物清单，很快选好了需要的文具，并进行了检查。

回到家中，妈妈说："买好文具，接下来我们还要做什么呢？"

小文："那我们来削铅笔吧！"说完就将转笔刀和铅笔拿出来，很快就将 5 支铅笔削好并放入笔袋中。削好铅笔之后，贴好姓名贴，并将水壶、笔袋按照顺序整齐地放进书包里。

小文背上书包，对妈妈说："妈妈，东西都准备好了，以后我可以自己背着小书包上学，太开心啦，哈哈哈！"

（二）案例分析

幼儿园通过提供《让幼儿爱上小学生活的 N 种方法》这样的指导材料，为家庭提供了具体的行动指南，调动了家长参与孩子学习准备过程的兴趣，帮助家长和孩子一起准备小学所需的文具和物品。在准备过程中，小文的妈妈扮演的是引导者和支持者的角色。她没有过多干涉孩子的选择，而是大胆放手，把决定权还给孩子，询问小文想要如何准备，鼓励幼儿自己挑选玩具。家长和孩子一同采购，不仅可以丰富孩子的认知经验，帮助他们认识各种各样的文具，而且能帮助孩子对自己的物品建立归属感，萌发上小学的愿望。

家园间的这种互动有助于家长在家中实施相应的教育，通过亲身体验深刻理解幼儿园的教育目标，携手共育，培养幼儿的独立性和自主性。孩子们在参与准备的过程中会花费很多心思，这样会使他们更加珍视自己的劳动成果。在采购的过程中还能体会到服务行业工作人员的辛苦，从而建立起对劳动人民的崇敬之心，初步建立尊重劳动的情感。

（三）指导建议

1. 采购前

（1）与幼儿共同商定采购的时间、地点及采购时可能要准备的物品（如环保袋、购买资金）。

（2）让孩子对照要求做计划（包括出行计划），把想要买的文具用品统计清楚。幼儿做计划的时候，家长可询问："这些已经足够了吗？"适时地提示孩子，让他们对自己的计划更清晰。

（3）出发前可询问幼儿今天要采购的物品有什么，帮助幼儿回忆老师的要求，进一步巩固幼儿对物品的认知。如幼儿没说出来，家长可询问幼儿需不需要带着自己的采购清单。幼儿如果愿意带就带，如果幼儿表示自己可以记下来，家长也不用再次强调，尊重幼儿的意愿。

2. 采购中

（1）首先，可带领孩子参观购买的区域，认识各种文具，在这一过程中让孩子对本次采购的地方建立安全感。

（2）接下来，家长可以让孩子去选购自己需要的学习用品。此时，家长只需要耐心等待即可。家长可在孩子选购结束的时候提示孩子是否按照计划进行了采购，让他们对自己制订的计划有没有实施或超出进行反思与再调整。如孩子明确表示选购完毕，家长就跟孩子一起结账，如果幼儿买少了，家长也不做提示。

（3）结账时，提示孩子对服务人员有礼貌道谢并再见。

3. 采购后

（1）到家以后，让孩子把采购的物品摆出来，对应着物品将老师的要求再阅读一遍，看物品采购是否齐全。

（2）如果没有买齐，家长可询问："我们要准备的物品今天买齐了吗？还差哪样没买呢？"幼儿表示需要再次购买的时候，家长可与幼儿进行第二次或第三次计划，直到物品都准备齐全。

（3）家长可以引导孩子聊一聊他/她为自己选购学习用品的感受，也可以把自己的感受分享给孩子，体会亲子共同准备物品这一过程带来的成就感与幸福感。

参 考 文 献

陈虹利，2016. 新时期加强幼儿劳动教育的思考 ［J］. 吉林省教育学院报，（32）.

顾明远，1998. 教育大辞典 ［M］. 上海：上海教育出版社，1932.

韩春华，2019. 幼儿园开展劳动教育的有效途径 ［J］. 教学方法创新与实践，（07）.

霍力岩，2018. 幼儿劳动教育：内涵、原则与路径 ［J］. 福建教育，（47）.

姜晓，胥兴春，2020. 我国幼儿劳动教育实施现状及路径探析 ［J］. 重庆第二师范学院学报，（33）.

刘贞香，徐梅，2017. 新时期幼儿劳动教育研究 ［J］. 成才之路，（9）.

马卡连柯. 儿童教育讲座 ［M］. 诸惠芳，译. 石家庄：河北人民出版社，1997.

方勇译注，2015. 墨子 ［M］. 北京：中华书局：279.

檀传宝，2019. 劳动教育的概念理解——如何认识劳动教育概念的基本内涵与基本特征 ［J］. 中国教育学刊，（2）：82-84.

王浪，2019. 幼儿劳动教育实施策略 ［J］. 教育观察，（38）.

吴玲，1998. 陈鹤琴幼儿劳动教育思想探要 ［J］. 安徽师大学报（哲学社会科学版），（1）.

张海燕，2019. 生活情境中培养幼儿热爱劳动的品质研究 ［J］. 成才之路，（24）.

赵清文，2017. 孟子 ［M］. 北京：华夏出版社.

中共中央马克思恩格斯列宁斯大林著作编译局，2009. 马克思恩格斯文集（第9卷）［M］. 北京：人民出版社：313.

中国大百科全书总编辑委员会，2009. 中国大百科全书 ［M］. 北京：中国大百科全书出版社：324.

中华人民共和国教育部. 教育部 共青团中央 全国少工委关于加强中小学劳动教育的意见 ［EB/OL］. http://www. moe. gov. cn/srcsite/A06/s3325/201507/t20150731 _ 197068. html. （2015-07-24）［2024-09-25］.

中华人民共和国教育部. 中共中央 国务院关于全面加强新时代大中小学劳动教育的意见 ［EB/OL］. http://www. moe. gov. cn/jyb _ xxgk/moe _ 1777/moe _ 1778/202003/t20200326 _ 435127. htmll. （2020-03-20）［2024-09-25］.

中共中央马克思恩格斯列宁斯大林著作编译局，2009. 马克思恩格斯文集（第10卷）［M］. 北京：人民出版社.

朱博，2018. 苏霍姆林斯基劳动教育思想研究 ［D］. 武汉：华中师范大学.

后 记

　　我们希望读者通过阅读本书，能够感受到幼儿园劳动教育的重要性，因为我们在探索幼儿园劳动教育的过程中也会经常进行自我对话：如果不搞劳动教育，这些日常活动不也是照旧开展吗？只有对劳动与劳动教育的认识足够全面、深刻，明确教育形式与教育目的之间的关系，在实践中才不会迷茫。因此，本书先在理论上深入探讨劳动与劳动教育的内涵，再介绍在实践中不断摸索形成的一套符合幼儿发展特点的劳动教育目标框架，为幼儿提供一个全面发展的平台，让他们在劳动中学习、成长。同时，也希望为幼教同仁提供一种思路——在幼儿园一日生活中渗透劳动教育。我们相信，劳动教育不仅仅是技能上的培养，更是一种生活态度和价值观的培养。通过劳动，幼儿能够学会尊重、合作、责任和创新，这些都是他们未来成为社会有用之才的重要基石。

　　在本书中，我们还传递了劳动教育的评价理念，强调了多元视角评价的重要性。鼓励幼儿自我评价，同时也重视教师、家长以及保教管理人员的评价，旨在全面了解幼儿的发展状况，同时促进家园共育。此外，我们认为，劳动教育不应局限于集体教学活动，而应成为幼儿日常生活的一部分，包括家庭生活。劳动教育需要家庭的参与支持，才能使劳动教育的理念和实践得到更好的推广和实施。

　　最后，我们希望本书能够为幼教同行提供借鉴和启发，为家长和教育工作者提供指导和参考。相信通过不断的研究和实践，劳动教育能够为幼儿的全面发展做出更大的贡献。期待与更多的教育同仁一起，共同推动劳动教育的发展，为幼儿的全面发展而努力。